Larsen Sechert

Das Theater des Daniil Charms als Strukturtyp des 'anderen' Theaters

Diplomica® Verlag GmbH

Sechert, Larsen: Das Theater des Daniil Charms als Strukturtyp des 'anderen' Theaters, Hamburg, Diplomica Verlag GmbH 2010

ISBN: 978-3-8366-9244-1
Druck: Diplomica® Verlag GmbH, Hamburg, 2010

Bibliografische Information der Deutschen Nationalbibliothek:
Die Deutsche Nationalbibliothek verzeichnet diese Publikation in der Deutschen Nationalbibliografie; detaillierte bibliografische Daten sind im Internet über http://dnb.d-nb.de abrufbar.

Die digitale Ausgabe (eBook-Ausgabe) dieses Titels trägt die ISBN 978-3-8366-4244-6 und kann über den Handel oder den Verlag bezogen werden.

Inhaltsverzeichnis

0. Einleitung

Avantgarde in Russland und „anderes" Theater

„Die europäische Avantgardebewegung entstand aus einem umfassenden Krisenbewusstsein".[1] Speziell in Russland stand die Avantgarde in ihren Absichten, Zielen und Methoden dem sozialistischen Realismus heteronom, und darüber hinaus antinom gegenüber. Auf die Frage hin, was der sozialistische Realismus sei, antwortete Andrej Sinjavskij in seinem Essay: "Der sozialistische Realismus ist eine Kunst des entschlossenen Rückschritts ins 18. Jahrhundert, eine Neuauflage klassizistischer Sittenstrenge und Lachfeindlichkeit."[2]

Das erklärte Ziel des Sozialistischen Realismus war eine sozialistische Kunst, deren Werke vorwiegend auf Wiedererkennbarkeit, auf eine Stabilisierung der Gattungsgrenzen und -hierarchien, auf eine strikte Befolgung vorgegebener Kombinationsregeln und auf eine Dominanz der didaktischen Textfunktionen u.a.m., kurz: auf die Reproduktion der konservativen Illusionskunst des 19. Jahrhunderts setzten. Dem Sozialistischen Realismus ging es, im Gegensatz zu den Avantgardebewegungen, nicht darum, neue Einsichten in Bezug auf Leben und Kunst zu gewinnen, sondern vielmehr darum, die Kunst soweit zu kontrollieren, dass von ihr aus keine die Ideologie gefährdenden Impulse ausgehen können. So veranlasste das Zentralkomitee der Partei im April 1931 die Auflösung jeglicher Schriftstellerorganisationen und die Gründung "eines sowjetischen Einheitsverbandes." Mit dem Versprechen seitens der RAPP (Russische Vereinigung Linker Schriftsteller), in ihrem Wirken weiterhin der ideologischen Linie der Partei treu zu bleiben, wurden diese nun zu dem angestrebten sowjetischen Einheitsverband erkoren.

Literarische Avantgarde ist, so Peter Bürger, "jene Bewegung der russischen Kunst und Literatur zwischen 1910 und 1930, deren Hauptziel die Liquidierung der autonomen Institution Kunst und deren Überführung in (die) Lebenspraxis war"[3]

---

[1] Schmid, Herta: Zur Ästhetik der Theateravantgarde der zwanziger Jahre. Polen, Sowjetunion, Tschechoslowakei. In: Fischer-Lichte, Erika (Hrsg.): TheaterAvantgarde. Uni-Taschenbuch, Wilhelm Finck Verlag München, 1995, S. 399
[2] Guski, Andreas zitiert hier Sinjavskij (Sinjavskij schrieb sein Essay unter dem Pseudonym Abram Terz) in seinem Aufsatz: Sozialistischer Realismus und russische Avantgarde im historischen Kontext, in: Die literarische Moderne in Europa, Piechotta, Hans-Joachim (Hrsg.), Bd. 2: Formationen der literarischen Avantgarde, Opladen, 1994
[3] ebd. S. 42/43

Die Poetik der Avantgardebewegung war eine Poetik der Infragestellung, die eine lexikalische Neuerung und die Konfusion der Gattungen hervorbrachte und dabei u.a. die Montagetechnik, die Technik der Depersonalisierung und die der Verfremdung anwandte. Ihr Bestreben war es, die Mechanismen des Alltags, der Politik und der Kunst durchschaubar zu machen und darüber hinaus mit Hilfe der Kunst Spielräume zu schaffen, in denen sich das Subjekt als autonomes und weltveränderndes Ich begreift. Dieses Bestreben stand ganz im Geist des mittelalterlichen Karnevals, dessen Funktion und Treiben das folgende Zitat von Joachim Fiebach am treffendsten beschreibt:

„Närrisches Treiben bediente offensichtlich einige übergreifende Bedürfnisse und verwirklichte so Funktionen, die für „karnevalistisch" strukturiertes Theater von Bedeutung wurden (...) Es erfüllte einmal die moralische, psychologische und im weiteren Sinne soziale Funktion der Befreiung vom Zwang der Alltäglichkeit, vom Verhemmtsein in gesellschaftlich oder individuell bedingte Unfreiheiten. In der Entfaltung von festlicher Sinnlichkeit, von gestaltender Phantasie (Groteske, Masken) und in den Verkehrungen alltäglicher, gewohnter Beziehungen und Normen zeigten sich für kurze, genau bemessene Zeit Möglichkeiten veränderbarer sozialer Beziehungen, anderer Blickwinkel auf das Leben, eine Welt freien Zusammenlebens und Individualverhaltens. Moralische, soziale Versteinerungen konnten „verfremdet", in Distanz gesetzt und somit als solche bewusst gemacht werden."[4]

Die Bestrebungen der Avantgardebewegung standen denen des sozialistischen Realismus diametral entgegen und gingen mit einer Gefährdung der sozialistischen Ideologie einher. So waren noch vor den "Großen Säuberungen", die Mitte der 30er Jahre begannen - nicht zuletzt aufgrund der Aktivitäten der RAPP -, alle noch geduldeten Avantgardegruppen zerschlagen oder in die RAPP zwangsintegriert worden. Die letzte avantgardistische Gruppierung in Russland nannte sich OBERIU (Vereinigung einer Realen Kunst)[5]. Wie aus Erinnerungen hervorgeht, galt Daniil Iwanowitsch Charms als das außergewöhnlichste Mitglied unter ihnen. Sein Zeitgenosse Jakov Druskin schrieb über Charms, er sei einer jener Künstler gewesen, "deren Werk so eng an ihr persönliches Leben gebunden ist, dass man, ohne es zu kennen, auch viele Werke dieser Autoren nicht verstehen kann; Inneres und Äußeres, Leben und Werk stehen unmittelbar miteinander in Berührung."[6] Sein engster Freund Vvedenskij, den Charms in seinem Notizbuch zu einem seiner Lehrer zählte, meinte Ende der zwanziger Jahre des zwanzigsten Jahrhunderts, das Charms selbst Kunst sei, und er deshalb erst

---

[4] Fiebach, Joachim: *Der Theatermacher als Skomoroch und Philosoph*, in: *Sowjetische Regisseure über ihr Theater*, hg. u. mit e. v. J. Fiebach, Berlin (Ost) 1976
[5] Oberiu ist eine Buchstabenkomposition aus Ob-edinemie real´nogo iskusstva.
[6] Druskin in: Charms, Daniil, *Die Kunst ist ein Schrank*, Friedenauer-Presse, Berlin, 1992, S. 5

4

gar keine Kunstwerke zu schaffen bräuchte. Für seinen Freund hatte Charms demnach das Wesentlichste erreicht, denn Ende der dreißiger Jahre sagte Charms, dass für ihn die bloße Kunst niemals das Wichtigste sei, sondern "das Leben als Kunst zu schaffen"[7]. Die "Schaffung des Lebens als Kunst", war, so Druskin, "für Charms keine Kategorie ästhetischer Ordnung, sondern (...) existenzieller Ordnung."[8] Und dabei interessierte ihn, nach Druskin, "(...), die Wurzel des Bösen im Menschen. Aber er war kein Philosoph und kein Moralist, sondern Schriftsteller."[9] Unter fast ausschließlich diesem Gesichtspunkt wurde sein Werk bisher in akademischen Arbeiten untersucht. Charms Kunstschaffen erstreckte sich aber auch noch in unzähligen anderen Lebens- und Kunstbereichen. Neben seiner schriftstellerischen Tätigkeit war Charms auch "Theatermann", "Kleindarsteller", "Possenreißer", „Philosoph", "Komiker" und "Spielmann". So jedenfalls betitelten ihn unterschiedliche Autoren und Wissenschaftler und bezogen sich dabei stets auf sein Theaterwerk, das sich anhand seiner geschriebenen Theatertexte und der wenigen Aufführungen, die sie zu seinen Lebzeiten erlebten, anhand seiner Theaterkonzeption und kunsttheoretischen Überlegungen und anhand seines öffentlichen Auftretens, sowohl als Kleindarsteller als auch als Alltagsspieler, konstituierte. Das Theater des Daniil Charms ist Gegenstand dieser Arbeit.

„Dabei nahm gerade auch das Theater die Position einer ´Avantgarde der Avantgarden´ ein. Diese Führungsrolle manifestierte sich mit besonderer Deutlichkeit in der jungen Sowjetunion. Eine zahlenmäßig starke Gruppe von Theaterregisseuren, deren Namen bis heute ihren Klang bewahrt haben wie K.S. Stanislavskij, Vs. E. Mejerchol´d (Meyerhold), B. Vachtangov, A. Tairov u.a., machte sich auf, um ein völlig neues Theater zu schaffen, das den Bau einer neuen, sozialistischen Gesellschaft und des „neuen Menschen" unterstützen sollte."[10]

In Büchern oder Aufsätzen über russische Theatergeschichte wird Charms´ Theater nicht erwähnt. Zweifellos war sein Theaterwerk bei weitem nicht so einflussreich wie das eines Meyerhold.[11] Das ist nicht zuletzt darauf zurückzuführen, dass Charms vorwiegend Dichter war und sich auch als solcher verstand. In einem Brief an die Schauspielerin K. W. Pugatschowa schrieb er 1933 über das Theater:

[7] Druskin in Charms, 1992, S. 5
[8] Ebd. S. 5
[9] Ebd. S. 6
[10] Ebd. S. 399

„Ich liebe das Theater sehr, doch leider gibt es zur Zeit kein Theater. Die Zeit des Theaters, der großen Poeme und der schönen Architektur ist seit hundert Jahren vorbei. Geben Sie sich nur nicht der Hoffnung hin, Chlebnikow hätte große Poeme geschrieben, und Meyerhold, das wäre Theater. Chleblikow ist besser als alle anderen Dichter der zweiten Hälfte des 19. und des ersten Viertels des 20. Jahrhunderts, doch seine Poeme sind lediglich lange Gedichte; und Meyerhold hat nichts gemacht.[12] Ich glaube fest, dass die Zeit der großen Poeme, der großen Architektur und des großen Theaters einmal wiederkehrt. Doch soweit ist es noch nicht. Solange keine neuen Vorbilder in diesen drei Künsten geschaffen sind, bleiben die alten Wege die besten. Ich an Ihrer Stelle würde entweder versuchen, selbst ein neues Theater zu schaffen, wenn ich die genügende Größe für solch ein Werk in mir fühlte, oder ein Theater der eher archaischen Formen vertreten."[13]

Schaut man auf Charms' Stücke, die vielfach auch als Grotesken bezeichnet werden, dann zeigen sich die „archaischen Formen" in seinem Theaterwerk sehr deutlich. Diese Formen gehen auf eine jahrhundertelange Tradition zurück, die sich dem Strukturtyp des „anderen" Theaters zuordnen lassen. Die Vertreter dieses Theaters setzten sich dem Kunst-Theater und dem Alltagstheater entgegen, indem sie durch ihre Verfahren die Mechanismen des Kunst- und Alltagstheaters bloßlegten. In der folgenden Arbeit werde ich prüfen, inwieweit sich das Theater des Daniil Charms zum Strukturtyp des „anderen" Theaters zuordnen lässt.

Im ersten Teil dieser Arbeit werde ich über die Person Charms, über seine poetologische Grundposition und über sein Theaterkonzept referieren und anschließend mit Hilfe einschlägiger Arbeiten Charms' Theatertexte vorstellen und analysieren. Charms' Dramen und Kurzprosa gelten als Vorwegnahme des Theater des Absurden. Ein ausführlicher Teil widmet sich daher der vergleichenden Analyse von Charms' Theater mit dem Theater des Absurden der Nachkriegszeit. Die hieraus und aus den Dramenanalysen herausgearbeiteten Verfahren und Merkmale, die Charms' Theater kennzeichnen, setze ich im letzten Teil dieser Arbeit ins Verhältnis zum Strukturtyp des „anderen" Theaters. Mithilfe des Analogieverfahrens versuche ich Charms' Theater als Strukturtyp des „anderen" Theaters zu bestimmen.

---

[11] Meyerhold war einer der bedeutendsten russischen Schauspieler, Regisseure und Theatertheoretiker des 20. Jahrhunderts. In seiner Theaterarbeit erforschte und praktizierte er alte Theaterverfahren die beispielsweise Spieler der Commedia dell´Arte anwandten wie Groteske, Komik usw..

[12] Aus dieser Bemerkung Charms' über Meyerhold lässt sich schließen, dass sich Charms nicht sehr intensiv mit der Arbeit Meyerholds beschäftigt hat.

[13] Charms, Daniil: Zwischenfälle. Luchterhand Literaturverlag, 2003, S. 266

Forschungssituation

Fünfundzwanzig Jahre nach Charms´ Tod erschienen erstmals 1967 einige seiner Texte in einer Moskauer Zeitschrift. Im selben Jahr machten die russischen Literaturwissenschaftler Anatolij Aleksandrov und Michail Meljach auf die Gruppe Oberiu aufmerksam. Sieben Jahre zuvor wurde Charms erstmals öffentlich in den Erinnerungen der russischen Dichterin Lidija Tschukovskaja erwähnt. Sie bezeichnet ihn hier als Leningrader Kinderbuchautor. Als solcher galt er bis in die 70er Jahre. Das ist nicht zuletzt darauf zurückzuführen, dass er seinen Lebensunterhalt in den 30er Jahren fast ausschließlich von seinen, wie es hieß, widersinnigen Kurzgeschichten und Gedichten bestreiten musste, welches die einzigen Werke waren - abgesehen von zwei Gedichten - die er zu Lebzeiten veröffentlichen konnte. Dem nun wachsenden internationalen Interesse an Charms folgten „Texte in oft fehlerhaften, verkürzten, durch Tippfehler entstellten Kopien."[14]

So führten auch unkritische Texteditionen teilweise zu erheblichen Interferenzen in verschiedenen Übersetzungen. Ein Beispiel hierfür gibt Stoimenoff anhand der Übersetzungen von Gibian und Urban des szenischen Dialogtextes *Puschkin i Gogol´*.

Hier übersetzt Gibian den Textabschnitt:

„Gogol´/podnimajas´/: Eto izdevatel´stvo sploschnoe!
/Idet, spotykaettsja ob Puschkina i padaet/
- Opjat´ob Puschkina!"[15]

mit:

„- Gogol / steht auf / : So eine gemeine Niedertracht!
/ Geht, stolpert über Puschkin und fällt /
- Wieder über Puschkin!"[16].

Urban aber mit:

„Gogol (erhebt sich): Dieser miese Verlag! (Geht, stolpert über Puschkin und fällt) wieder über Puschkin!"[17]

---

[14] Urban, Peter, in: Charms, Daniil: *Fälle. Szenen, Gedichte, Prosa* Herausgegeben und übersetzt von Peter Urban Mit einem biographischen Stichwort von Beate Rausch, Haffmans Verlag, Zürich, 1988
[15] in Stoimenoff, Ljubomir: *Grundlagen des sprachlichen Experiments im Frühwerk von Daniil Charms*, Verlag Peter Lang, Frankfurt a.M., 1984 aus: D. Kharms, Izbrannoe, S. 83
[16] Ebd. S. 83
[17] in Stoimenoff, S. 22, zitiert aus Charms, Daniil: *Fälle. Prosa, Szenen, Dialoge*, S. 69

Beide Übersetzungen lassen verschiedene Deutungen zu. So erweckt die Übersetzung von Gibian den Anschein, dass es sich in dieser Szene um eine Hanswurstiade handelt, wohingegen aber Urbans Übersetzung auf eine subtile Kritik am Verlagswesen hindeutet. Stoimenoff vermutet, dass hier Urban Opfer einer fehlerhaften Textvorlage wurde.[18]

Sein hinterlassenes Werk, das aus nachweislich dreißig Heften, Notizbüchern und etlichen Einzelblättern besteht, befand und befindet sich überwiegend verstreut bei zeitgenössischen Freunden und Bekannten, die sich lange Zeit, trotz des wachsenden internationalen Interesses an Charms, aus unterschiedlichen Gründen, verdeckt hielten.[19]

Den überwiegenden Teil seiner literarischen Arbeit aus der „postoberiutischen Phase"[20] ab 1935 bis zu seinem Tod 1941 machte er selbst seinen engsten Freunden nicht mehr zugänglich, was die Materialbeschaffung im Nachhinein noch erschwerte. Eine geplante Gesamtausgabe[21] scheiterte an der fehlenden öffentlichen Unterstützung in der damaligen Sowjetunion und nicht zuletzt an der Skepsis seitens russischer Behörden an nicht-kanonischer Literatur. "Die Beschäftigung mit den Oberiuten war in der Sowjetunion bis in allerjüngste Zeiten gefährlich: anrüchig, ein Akt sowjetischer Nestbeschmutzung".[22]

Bis in die 80er Jahre hinein wurden Charms Werke verfemt. Jene, die sich für die Verbreitung seines Werkes einsetzten, lebten in der Sowjetunion gefährlich. So wurde beispielsweise der Leningrader Charmsforscher Michail Mejlach 1983 "wegen

---

[10] Was Peter Urban später offenbar selbst bemerkte, denn in der von mir benutzten Ausgabe ist dieser szenische Dialog erst gar nicht erhalten. In der 1997 erschienenen Ausgabe: *Daniil Charms. Theater,* Verlag der Autoren, Berlin, 1997, die oben zitierte Textstelle mit: „GOGOL *erhebt sich* Das ist der pure Hohn!...". Charms, 1997, S. 186

[19] In einer Anmerkung bei Lukanitschewa heißt es, dass der überwiegende Teil der hinterlassenen Manuskripte von Charms von seinem Freund Jakov Druskin aufbewahrt wurden. Dieser übergab Ende der 70er Jahre die Manuskripte der Handschriftenabteilung der Leningrader Sastykov-Tschtschedrin-Bibliothek., vgl. Lukanitschewa, Swetlana: *Verfemte Autoren.* Niemeyer Verlag, 2003, Anmerkung 41, S. 94

[20] Stoimenoff unterschied in seiner Dissertation Charms´ Werk in zwei Phasen. Die erste nennt er „oberiutische Phase", die von 1927- zirka 1935 bei Charms andauerte. In dieser Phase schrieb er vorwiegend lyrische und dramatische Texte. In seiner „postoberiuten Phase", die ab 1935 bis zu seinem Tode 1941 dauerte, schrieb er überwiegend kurze Prosa. Die behandelten Werke in dieser Arbeit fallen ausschließlich in Charms´ „oberiutische Phase". Vgl. Stoimenoff, 1984

[21] Der erste Versuch hierzu wurde vom Bremer K-Presse-Verlag unternommen. Sie brachten im Zeitraum 1978-1988 vier Bände von Charms´ Werken heraus. Herausgeber war Michail Mejlach.

[22] Urban, Peter: Oberiu, Vereinigung der Realen Kunst, in: Schreibheft. Zeitschrift für Literatur 39, 1992, S. 18

antisowjetischer Agitation und Propaganda zum Zwecke der Schädigung der Sowjetmacht"[23] verhaftet.

Nachdem sich die politische Situation Anfang der 90er Jahre veränderte und die russischen Archive Forschern zugänglich gemacht wurden, zogen die Oberiuten, insbesondere ihre beiden Mitglieder Charms und Vvedenskij großes Interesse von westlichen Forschern auf sich. Zu den bemerkenswerten Arbeiten der 90er Jahre über das Werk von Charms zählt Lukanitschewa Jean-Philippe Jaccards Untersuchung *Daniil Harms et la fin de l´avant-garde russe* (1991), in der er ausführlich auf die Entstehungsgeschichte der Oberiu eingeht, und Thomas Grobs Dissertation *Daniil Charms´ unkindliche Kindlichkeit* (1994), in der sich der Verfasser mit dem sprachlichen Verfahren der Verkindlichung im Werk Charms´ beschäftigt. Einen wesentlichen Beitrag zur Oberiu-Forschung leisteten die Beiträge im Sonderheft der Zeitschrift *Teatr* 1991 und Michail Jampol´skijs philosophische Untersuchung *Bespamjatstvo kak istok* (Die Bewusstlosigkeit als Quelle).[24]

---

[23] Ebd. S. 18
[24] Vgl. Lukanitschewa, 2003, S. 97

I. Daniil Charms Schaffung des Lebens als Kunst

„Heute habe ich begriffen, ich bin eine überdurchschnittliche Erscheinung."[25]

<u>Biographie</u>

Daniil Iwanowitsch Juwatschew wurde am 30.12. 1905[26] in St. Petersburg geboren. Sein Vater Ivan Pavlovitsch war Hofrat, Schriftsteller, Lehrer, Sozialrevolutionär und Mitglied der Organisation ´Noradnaja volja´. Aufgrund seiner Aktivitäten in dieser Gruppe wurde er 1883 verhaftet und zu 15 Jahren Zuchthaus verurteilt. Nachdem er vier Jahre in Einzelhaft und weitere acht Jahre auf einer Gefängnisinsel verbringen musste, kehrte er 1885 nach Petersburg zurück und begann zu schreiben. Seine literarischen Versuche schickte er Lev Tolstoj, der seinen Stil schätzte, sich aber über das Fantastische in seinen Texten kritisch äußerte. Die Mutter Daniil Juwatschews, Nadezda Ivanovna, war eine Adlige aus Saratov und arbeitete bis zu ihrem Tod 1928 in Petersburg in einem Obdachlosenheim für haftentlassene Frauen. Daniil I. Juwatschew hatte noch eine sieben Jahre jüngere Schwester, Elizaveta Ivanovna. Kurz nach dem Tod der Mutter wurden Daniil I. Juwatschew und seine Schwester von einer deutschen Pflegemutter versorgt. Ab 1915, zu einer Zeit, in der Russland mit zahlreichen politischen Ereignissen konfrontiert wurde (Ausbruch des ersten Weltkrieges, zwei Revolutionen im Jahr 1917, die Machtergreifung der Bolschewiki, Bürgerkrieg und Kriegskommunismus), besuchte D. I. Juwatschew die deutsche Peterschule. Hier lernte er Deutsch und Englisch und begann deutsche und englische Texte ins Russische zu übertragen. Schon als Schüler neigte Juwatschew zu außergewöhnlichen Streichen. "Anatoli Alexandrow[27] hat sicherlich recht, wenn er das Antididaktische im Lebensgefühl des jungen Charms auf die >Überdosis an Didaktik< in der Philosophie und Pädagogik des Vaters zurückführt."[28]

1922 wechselte Juwatschew an das ehemalige Mariengymnasium in Detskoe Selo. Hier begann er erste Gedichte zu schreiben, die er mit dem Pseudonym Daniil Charms unterzeichnete.[29]

---

[25] Charms, 1992, S. 50
[26] Nach neuer Zeitrechnung, d.h. nach Einführung des Gregorianischen Kalenders.
[27] Russischer Literaturwissenschaftler, der sich mit dem Leben und Werk von Charms auseinandersetzte.
[28] Aus Nachwort von Lola Debüser in: Daniil Charms. *Zwischenfälle*, Luchterhand, München, 2003, S. 349
[29] Es gibt zwei Hypothesen, woher Juwatschew sein Pseudonym nahm. Anatolij Aleksandrov vermutet, dass Juwatschew den Namen Charms vom englischen Charme abgeleitet habe. Igor Bachterev jedoch

Nachdem er 1924 die Schule erfolgreich mit dem Abitur abschloss, begann Charms ein Elektrotechnik-Studium in Leningrad (zuvor Petersburg, dann Umbenennung in Petrograd, dann zu Ehren Lenins Umbenennung in Leningrad). In dieser Zeit lernte er seine spätere Frau Ester Aleksandrovna Rusakova kennen. Zwei Jahre später schrieb er sich im Institut für Kunstgeschichte für den Bereich Film ein. Dieses Studium beendete er jedoch ebenso wenig wie sein Elektrotechnik-Studium. Er begann sich intensiv mit den Gedichten und Theorien des Futurismus zu beschäftigen.[30]

Anfang 1925 trat er erstmals öffentlich als Rezitator auf kleineren Bühnen auf (u.a. in den Sälen des Elektrotechnikums, der Turgenev-Bibliothek und im INChUK - dem Institut für Künstlerische Kultur). Er las, neben eigenen Texten, Gedichte von Chlebnikov, Blok, Achmatova, Majakowskij, Belyj u.a.. Im selben Jahr lernte er A. Vvedenskij kennen, mit dem ihn von da an eine lebenslange Freundschaft verband. Beide schlossen sich einer literarischen Gruppe an, die sich um den Futuristen A. Tufanov gruppierte. Auf Anraten von Vvedenskij stellte Charms einen Antrag auf Aufnahme in den Allrussischen Dichterverband, dem ein Jahr später entsprochen wurde. 1926 distanzierten sich Charms und Vvedenskij vom Dichter Tufanov aufgrund unterschiedlicher poetologischer Interessen und gründeten im Haus der Presse die Dichterschule der "Tschinari" (tschin heißt soviel wie Rang, Stand), die sich nur kurze Zeit später zusammen mit Igor Bachterev zur "Linken Flanke" umformierten. Charms veröffentlichte in einem vom Allrussischen Dichterverband herausgegebenen Lyrikalmanach sein erstes Gedicht ("Vorfall auf der Eisenbahn").[31]

Nachdem die Gruppe "Linke Flanke" durch öffentliche Lesungen bekannt geworden war, wurde ihnen vom Direktor des Hauses der Presse, Igor Bachterev, das Angebot unterbreitet, eine eigene, künstlerische Sektion im Haus zu gründen. Bedingung dafür aber war die Streichung des Wortes "links" aus ihrem Namen. Die Gruppe *Linke Flanke*

---

meint, dass Juwatschew mit Begeisterung die Romane von Conan Doyle gelesen hat und sein Pseudonym nach dessen Romanhelden Sherlock Holmes zugelegt habe.

Das Pseudodym Charms wurde für Juwatschew durch Änderung im Pass zu seinem offiziellen Namen. Trotzdem unterzeichnete er seine weiteren Texte mit noch anderen Pseudodymen wie Chorms, Chchoerms, Daniil Dandan, Charms-Sardam, Daniil Protoplast, Pisatel´ Kolpakov, Karl Ivanovic Susterling u.a..

In der weiteren Arbeit werde ich auf Charms´ vollständigen Namen Daniil Iwanovitsch Juwatschew nicht mehr hinweisen.

[30] Der russische Futurismus war eine von Chlebnikow und Majakowskij begründete Avantgarde-Literatur. Charms schrieb selbst einige Gedichte in futuristischer ´Zaum´-Sprache.

[31] Vgl. Urban in Charms, 1992, S. 286

nahm dieses Angebot an und nannte sich fortan Oberiu ("Vereinigung einer Realen Kunst"). Zu ihren Mitgliedern gehörten Daniil Charms, Alexandr Vvedenskij, Igor Bachterev, Boris Levin und zeitweise auch Nikolaj Zabolockij, Konstantin Vaginov und später Jurij Vladimirov. Ihr künstlerisches Anliegen verkündeten sie in ihrem Manifest. Darin bestimmten sie ihre Position im aktuellen kulturellen und politischen Leben und unterstrichen damit die gesellschaftliche Relevanz ihrer Programmatik. Sie wandten sich gegen die Denunzierung einer Verbindung der „linken" mit der „proletarischen Kunst". Ihre Kritik zielte überwiegend auf die einseitige „Proletarisierung" des kulturellen Lebens, die eng verbunden war mit einer kontrollierten Begrenzung des künstlerischen Schaffens im Sinne der vom Regime vertretenen Anschauungen. Aus dieser Überlegung heraus ist die Gründung der Oberiu als oppositionelle Reaktion auf die zunehmende Einseitigkeit der vom Sozialistischen Realismus propagierten Kultur zu verstehen. Die tatsächliche Realität war für die Oberiuten nur durch eine neue, nichtkonventionelle Kunst erfahrbar, deren Sprache "die Wirklichkeit als Ganzes zu verstehen vermag und nicht als eine Summe von rationalen und limitativen Worten".[32]

Am 24. Januar 1928 veranstalteten die Oberiuten eine literarisch-theatrale Veranstaltung: *Drei linke Stunden*, bei der sie ihr Manifest verlasen, Gedichte rezitierten, einen Film von Klementij Minc und Aleksandr Razumovskij zeigten und das eigens für diese Veranstaltung von Charms geschriebene Drama *Elizaveta Bam* spielten. Mit der Ankündigung dieser Veranstaltung erreichten die Oberiuten erstmals ein breiteres Publikum, bekamen aber auch gleichzeitig die ersten Schwierigkeiten. Die Zeitung *Krasnaja gazeta* verriss die Veranstaltung mit Bezeichnungen wie "Blödsinn" und "bis zum Zynismus unverhohlener Wirrwarr".[33] Durch diesen Verriss konnten alle folgenden "theatralisierten Literaturkonzerte" der Oberiuten nur noch in kleinerem Rahmen und auf kleineren Bühnen stattfinden. Die Gruppe plante noch weitere, größere Veranstaltungen und bereitete 1928 einen ersten Almanach mit Texten der Mitglieder der Oberiu vor. Diese Projekte konnten sie aber durch den stetig wachsenden Druck der damals immer mächtiger werdenden RAPP nie realisieren. Ihre letzte Veranstaltung hatten die Oberiuten im April 1930 in einem Wohnheim der Universität Leningrads, an der nur noch Charms, Levin und Vladimirov beteiligt waren. In einem

---

[32] Jaccard, Philippe: *Theater des Absurden/Reales Theater (Daniil Charms)*, In: *Glossarium der russischen Avantgarde* (Hrsg. Flaker, Aleksandar), Verlag Droschl, Graz, Wien, 1989, S. 467

Artikel der Leningrader Zeitung *Smena,* der einige Tage nach dieser Veranstaltung erschien, wurden die Oberiuten als Klassenfeinde diffamiert. Die Überschrift dieses Artikel lautete "Reaktionäre Jongleurkünste. Ein Anschlag literarischer Rowdies."[34] Wie Aleksandrov kommentierte, war dieser Artikel "...in schrecklichem RAPP-Stil geschrieben..."[35], der "die komplette Garnitur tödlicher Formeln" enthielt und das Ende für die Oberiu-Gruppe bedeutete.

Seit 1927 verdiente Charms seinen Lebensunterhalt mit Kinderliteratur. Seine Kindergeschichten, Kindergedichte und Bildunterschriften wurden in der Zeitschrift *Ez* (Igel) und ab 1930 auch im *Tschiz* (Zeisig) gedruckt. Einige Erzählungen von Charms wurden auch als kleine Kinderbücher veröffentlicht.

Im Jahr 1929 wurde Charms aus dem Allrussischen Dichterverband ausgeschlossen, weil er seine Mitgliedsbeiträge nicht mehr bezahlen konnte. Im Dezember 1931 wurden er und u.a. Vvedenskij mit dem Verdacht der "Gründung einer antisowjetischen monarchistischen Organisation im Bereich der Kinderliteratur"[36] verhaftet und nach langen Verhandlungen zu drei Jahren Straflager verurteilt. Charms kam jedoch vorzeitig frei und wurde zusammen mit Vvedenskij nach Kursk verbannt. Auf Wirken seines Vaters durfte er schon wenige Monate danach zurück nach Leningrad. Hier heiratete er seine zweite Frau Marina Malitsch. Ab 1934 reichten Charms´ Einkünfte kaum noch zum Leben. In Leningrad kam es zu Massenverhaftungen und Erschießungen. Die Hungersnot nahm zu. In seinem Notizbuch schreibt Charms 1935:

"Meine materiellen Dinge stehen schlechter als je zuvor. Den September habe ich nur vom Verkaufen gelebt, und auch das nur mit der Berechnung, dass wir zwei Tage zu essen haben, den dritten hungern, aber ich hoffe, es wird einmal besser."[37]

1937 werden die Chefredakteure des *Ez* verhaftet und ermordet. Im Lager stirbt 1938 Charms´ erste Frau Esther. Charms´ Hoffnung auf Besserung schwindet zusehends:

„(...) Mein Zustand ist nur noch schlimmer. Neurasthenie, Zerstreutheit, keine Freude im Herzen, völliges Fehlen der Arbeitsfähigkeit, faule und schmutzige Gedanken."[38]

Charms schrieb weiter, vorwiegend kurze Prosa, konnte jedoch keinen seiner Texte veröffentlichen. Seine finanzielle Lage nahm dramatisch zu. Als 1939 der Krieg

---

[33] Vgl. Rausch in Charms, 1988, S. 244
[34] Vgl. ebd. S. 246
[35] Ebd. S. 246
[36] Ebd. S. 247
[37] Charms, 1992, S. 182

ausbrach, tauschte er seine gesamte Kleidung für Essen ein. Der Humor in seinen Texten wurde immer düsterer, immer schwärzer und verzweifelter.[39]

> „Unwürdiger Enkel meines Verstandes,
> von Lastern seit langem umstellt,
> schließ auf die Truhe der Phantasie,
> von der uns der Prophet erzählt.
> Aber wo ist der Schlüssel:
> im Himmel oben in den Wolken
> oder im Meer in den kalten Wogen?
> Oder in den schwarzen Bergen
> oder in finsteren Löchern"[40]

Am 23. August 1941 wurde Daniil Charms verhaftet. Ein Jahr darauf starb er. Das offizielle Todesdatum ist der 2. Februar. Die genaueren Umstände seines Todes sind ungeklärt.

Daniil Charms als „moderner Spielmann"

„Ein wahrer Spielmann, kurzum, ist zweideutig und steht in Widerspruch zu den bestehenden Werten." [41]

Mit der Gruppe *Linke Flanke*, dem Vorgänger der Oberiu, trat Charms als eine Art Kleindarsteller mit zahlreichen Veranstaltungen wie Lesungen in Bibliotheken, Klubs, Konzertsälen u.a. auf. In seinen Erinnerungen schreibt dazu Bachterev:

„Die Auftritte der „Linken Flanke" unterscheiden sich von den übrigen traditionellen nicht nur durch die Art der Gedichte und der Prosa, sondern auch durch den besonderen Vortrag - die Theatralisierung."[42]

Diese Veranstaltungen nutzten Charms und die *Linke Flanke* nicht nur als bloßen Ersatz für verhinderte Veröffentlichungen, sondern vorwiegend als Verwirklichung rein theatralischer Momente.

„Wir teilten die Meinung Stanislavskijs, daß Theater in der Garderobe beginnt. Unsere Abende begannen vor dem dritten Klingelzeichen. Im Saal, auf der Bühne, wenn es keinen Vorhang gab, hängten wir Plakate auf, mit vielverheißenden Sprüchen wie >Kunst als Schrank<, >Verse

---

[38] Charms, 1992, S. 220/221
[39] Rausch in Charms, 1988, S. 251
[40] Charms, 1992, S. 242
[40] Vgl. Rausch in Charms, 1988, S. 244
[40] Vgl. ebd. 1988, S. 246
[40] Ebd. S. 246
[40] Ebd. S. 247
[41] Fo, Dario. *Kleines Handbuch des Schauspielers*, Frankfurt a.M., 1989, S. 134
[42] Erinnerungen von Igor Bachterev in Charms, 1988, S. 239

14

sind keine Piroggen, wir sind keine Heringe< und viele andere in der Art. Die für das Programm Verantwortlichen bemühten sich, szenische Verfahren zu finden, die dem Publikum helfen sollten, sich von traditioneller Wahrnehmung der Poesie zu befreien. In unserer Inszenierung gab es Licht, Ton, ungewöhnliche, verblüffende Gegenstände und deren Verbindung, oder für das Publikum unerwartete Auftritte des Zauberkünstlers Pastuchov und der Ballerina Milica Popova. Mehr als einmal kam uns von Seiten des Publikums zu Ohren, daß unsere Abende eine aufregende festliche Atmosphäre schafften."[43]

Wie diese theatralisierten Literaturveranstaltungen der Oberiuten aufgebaut waren, darüber gibt folgende Notiz von Daniil Charms zu einem dieser Auftritte Einblick:

„Diesen Freitag - 12. November [1926] will ich mit kämpferischen Situationen bestreiten, folgendes geschieht: nach unserer Lesung tritt Igor Bachterev auf und hält eine Unsinnsrede aus unbekannten Dichtern zitierend usw. Dann kommt [unleserl.] und hält ebenfalls eine Rede, aber mit marxistischem Einschlag. In dieser Rede wird er uns verteidigen. Schließlich kommen zwei unbekannte Personen, sich an den Händen haltend, an den Tisch und erklären: anläßlich des Gelesenen hätten wir einiges zu sagen, aber wir werden singen. Und sie singen irgend etwas. Als letzter kommt Gaga Kacman und erzählt etwas aus dem Leben der Heiligen. Das wird schön."[44]

An die erste größere Veranstaltung der Oberiuten *Drei Linke Stunden* erinnert der Augenzeuge N. Stepanov:.

„Nach Vvedendkij trugen zwei Bedienstete mit großer Anstrengung einen riesigen Schrank auf die leere Bühne, auf dem ruhig und unbeweglich Daniil Ivanowitsch Charms thronte. Er las laut Verse vor, manchmal auch singend. (...) Ungeachtet des Mangels an logischen Zusammenhängen konnte man erraten, daß es darin um eine Reise nach Georgien ging. Aber was da mit den im Zug fahrenden Kindern passierte, blieb unklar. Immerhin war in Charms´ Versen Humor zu spüren, der lustige Unsinn eines Kindererzählreims. Für Charms fanden sich Verehrer: einige sehr junge Leute applaudierten stürmisch. (...) Daniil Ivanowitsch Charms trug einen langen karierten Gehrock. (...) Betont ernst und ruhig, hielt sich Charms mit verblüffend steifer Höflichkeit. Auf dem Kopf hatte er eine runde Mütze, und auf die Wange war ein grünes Hündchen gemalt. Von Zeit zu Zeit nahm er ein Buch vom Tisch und legte es sich auf den Kopf oder legte mit ungewöhnlich ernster Miene den Finger an die Nase."[45]

Während der Vorstellung soll es einige spöttische und feindliche Stimmen gegeben haben. Eine Skandalatmosphäre wurde jedoch trotzdem nicht erzeugt, was wohl nicht zuletzt an dem durch die Futuristen skandalverwöhnten Publikum lag. An die erste Vorstellung der Oberiuten erinnert sich der Maler Boris Semenov:

---

[43] Bachterev in ebd. S. 239f
[44] Charms, Daniil. *Die Kunst ist ein Schrank. Aus den Notizbüchern 1924-1940,* Friedenauer Presse, Berlin, 1992, S. 43f

„Man kann nicht sagen, daß im Saal Ruhe herrschte. In den hinteren Reihen lachte man, unterhielt sich, spärlicher Applaus wechselte mit Pfiffen ab. [...] Charms las ein langes Gedicht, teilte die Strophen durch Pausen, während derer er stehen blieb und einen Rauchring aus der Pfeife in den Saal blies. Von Zeit zu Zeit schaute ein Feuerwehrmann in blitzendem kupfernen Helm aus den Kulissen hervor, was lebhafte Reaktionen und Applaus hervorrief.

In den kurzen Pausen lärmte das Publikum besonders. Die Verse klangen ungewöhnlich und scharf. Ihr Inhalt erschreckte mich ein wenig, aber die sonderbaren Worte waren dicht wie in der Faust zusammengepreßt, und es entstand ein ziemlich klarer Eindruck. [...] Als Charms seine Lesung beendet und sich verbeugt hatte, öffneten sich die Türen des Schranks, und es erschien der ziemlich finstere, in einen Schal (oder vielleicht eine Wollkapuze) gehüllte Aleksandr Ivanovitsch Vvedenskij mit einer Papierrolle in der Hand. Als er den langen Papyrus entrollt hatte, schickte er sich an zu lesen. Unterdessen erschien Charms, unbegreiflich wie, auf dem Schrank und fuhr fort, seine Pfeife zu rauchen."[46]

Welchen Eindruck eine spätere Aufführung von *Elizaveta Bam* auf die Zuschauer ausgeübt haben muss, lässt sich aus den Erinnerungen des Schriftstellers Veniamin Kaverin schließen:

„Daniil Charms, traurig, ein wenig rätselhaft, knochig, sehr groß, las Ausschnitte aus seinem dramatischen Poem „Elizaveta Bam", vor, nach denen mir Zabolockijs Verse wie ein Muster klassischer Lyrik vorkamen. Später, als ich „Elizaveta Bam" vollständig gelesen hatte, schätzte ich ihre Originalität. Doch an jenem Abend begriff ich fast nichts."[47]

Auf der Bühne war Charms, laut Borowsky in einem Nachwort zur deutschen Charms-Ausgabe *Fälle*, so etwas wie ein moderner Spielmann, der als Possenreißer die Zuhörer unterhielt. In der Goslarschen Zeitung wurde Charms sogar als der „aus den Fesseln der Logik befreite Karl Valentin"[48] bezeichnet.

Nicht nur auf der Bühne und in seinen Texten parodierte Charms banale Alltäglichkeiten, pseudophilosophischen Tiefsinn, leere Rhetorik, Didaktik und Streitigkeiten um nichts; auch in seinem alltäglichen Verhalten, oder wie es Debüser nennt: „In seinem >Einmanntheater< lebte er wider die Alltagslogik, und er schuf eine Welt, die die Idiotie des Lebens >aufbricht<."[49]

Vom sozialen Rollenspieler und Spaßmacher Charms zeugen zahlreiche Anekdoten. So stieg Charms „einmal in der Redaktion des Kinderbuchverlages, die sich im sechsten Stock des heutigen ´Haus des Buches´ befand, mit vollkommen ernstem Gesicht und

---

[45] In Charms, 1988, S. 242/243

[46] In ebd. S. 243

[47] In ebd. S. 244

[48] Burucker, Michael in Goslarsche Zeitung, zitiert auf Klappentext zu Daniil Charms. Theater. Verlag der Autoren, Frankfurt a.M., 1997

[49] Debüser in Charms, 2003, S. 347

ohne ein Wort zu sagen, aus dem Fenster (...)"[50], spazierte über den Sims und kam zum anderen Fenster wieder herein.

„Er erfand einen Bruder, der angeblich Privatdozent an der Universität war und den er nachzuahmen vorgab, indem er sich einen falschen Schnurrbart anklebte. Er benutzte diesen Schnurrbart, wenn er ins Theater ging, und behauptete, es sei ungehörig für einen Mann, ohne Schnurrbart ins Theater zu gehen. Charms kultivierte eine Reihe von ´Ticks´, die anderen einfach nur seltsam oder auch altmodisch erschienen."[51]

Charms benahm sich seinen Gästen gegenüber äußerst höflich. Viele berichten, er habe sich wie ein Gentleman aufgeführt, der in seinem Verhalten an die alten kaiserlichen Umgangsformen anknüpfte. Seine Kleidung wirkte absonderlich: „Hosen, die bis zum Knie reichten, lange Strümpfe, oft trug er Stock und Melone, und immer hatte er eine Pfeife zwischen den Zähnen."[52]

Vvedenskij meinte: „Charms selbst ist Kunst". Beate Rausch sieht in Vvedenskijs Worten, die Überzeugung „daß sein ungewöhnliches Auftreten und Verhalten, seine Selbstinszenierung einen integralen Bestandteil seines künstlerischen Schaffens darstellten. Er organisierte sein Leben, wie man ein Kunstwerk organisiert, und bezog seine Freunde als aktive Mitspieler in dieses Werk mit ein."[53]

Woher Charms seine skurrilen, fantastischen Stoffe nahm, wie er mit allem Ernst das „Leben in seiner unsinnigen Erscheinung" spielerisch zu entdecken versuchte, darüber gibt eine Erinnerung von Weniamin Kawerin Einblick:

„Ich erinnere mich, wie die Oberiuten nach Sestrorezk (am Finnischen Meerbusen) kamen, um Jewgeni Schwarz zu besuchen, und erst gegen Abend, als die Sonne schon unterging, zum Baden gingen. Der Strand war längst leer geworden, die Gäste zogen sich aus und gingen zum Meer, und hinter ihnen krochen ihre Schatten mit karikaturhafter Langsamkeit den Sand entlang. Nichts Besonderes war an diesen sich allmählich verlängernden Schatten, aber es muß wohl doch etwas gewesen sein, denn der große, knochige Charms sprang plötzlich, komisch die Hände verrenkend, hoch und zwang seinen Schatten, diese unsinnigen Bewegungen zu wiederholen. Er streckte seinen Körper, hockte sich plötzlich hin und >wuchs< langsam wieder. Ernst betrachtete er seine den Strand entlang hingestreckte schwarze, folgsame Spiegelung."[54]

Charms praktizierte sein „Einmanntheater" in der Rolle eines Gentlemans oder „Dandys", wie es Borowsky nennt. Sein Kostüm bestand vorwiegend aus europäisch

---

[50] Rausch in Charms, 1988, S. 250
[51] Rausch in ebd. S. 250
[52] Rausch in ebd. S. 250
[53] Rausch in ebd. S. 251
[54] Kawerin in Charms, 2003, S. 359

anmutenden karierten Kleidungsstücken. Um Charms jedoch als Spielmann zu klassifizieren, ist das Material über seine „Auftritte" nicht ausreichend.

Die kunsttheoretische Grundposition des Daniil Charms und der Oberiu[55]

Eine Annäherung an die kunsttheoretische Grundposition von D. Charms und der Oberiu werden im Folgenden mit Hilfe der Texte *Gegenstände und Figuren* und dem *Manifest Oberiu* vorgenommen.

Im April 1927 notiert Charms in seinem Notizbuch:

"1. Ich bin ein Dichter unter seinesgleichen, unterscheide mich jedoch von ihnen:
    erstens: durch die Bewertung der Elemente, die Kunst ergeben
    zweitens: durch die Schaffung eines neuen Schemas der Kunst
    und drittens: durch meinen Standort innerhalb der Kunst.
2. War man bisher der Meinung, Kunst bestünde in der geglückten Verbindung von Form und Inhalt, so behaupte ich, daß dies für die Kunst zu wenig sei und das nicht die Hauptsache sein könne; die Hauptsache ist der Standort der gegebenen Verbindung."[56]

„Gegenstände und Figuren"

Wie Charms die "Elemente, die Kunst ergeben" beschreibt und wie er seinen Standpunkt innerhalb der Kunst bestimmt, geht aus seinem am 8. August 1927 verfassten Text "Gegenstände und Figuren" hervor. Hier beschäftigt sich Charms mit der essenziellen, absoluten Existenz von Gegenständen. Er schreibt, dass sich durch die menschliche Wahrnehmung eines Gegenstandes und den damit unmittelbar zusammenhängenden Bewertungen desselben, für diesen Gegenstand neben einer essenziellen noch eine relative Existenz ergibt, deren Basis auf "vier arbeitenden Bedeutungen" beruht. Das sind

"1. die darstellbare (geometrische) Bedeutung, 2. die zielgerichtete, zweckbestimmte (utilitaristische) Bedeutung, 3. die Bedeutung der emotionalen Einwirkung auf den Menschen und 4. die Bedeutung der ästhetischen Wirkung auf den Menschen".[57]

Die essenzielle Bedeutung des Gegenstandes aber ist, so Charms, die fünfte, die er als "der freie Wille des Gegenstandes"[58] beschreibt.

---

[55] Die Schreibweise von Oberiu variiert von großen zu kleinen Buchstaben. Ich werde Oberiu nur noch in kleinen Buchstaben schreiben. Über dem e steht in den meisten Schreibweisen ein Apostroph.
[56] Charms, 1992, S. 55
[57] Ebd. S. 60
[58] Ebd. S. 60

"Die fünfte wesentliche Bedeutung hat der Gegenstand nur außerhalb und jenseits des Menschen. (...) Ein solcher Gegenstand >SCHWEBT<".[59]

Als Beispiel für sein Gedankenmodell benutzt Charms den Gegenstand Schrank, und schreibt weiter: "Die fünfte Bedeutung des Schrankes ist Schrank."[60]

Das relative und essenzielle Wesen eines Gegenstandes stehen in einem Spannungsverhältnis, das nicht nur dem Gegenstand (und der "Gesten und Handlungen"), sondern auch dem Wort immanent ist. Aber nur durch die Anerkennung, dass beide Existenzen eine Einheit bilden, kann der wahre Gegenstand (der Gegenstand als solcher) erkannt werden.

Dies ist jedoch nur durch das Aufbrechen des auf menschlicher Logik beruhenden konventionellen Bezugssystems, d.h. durch die Aufhebung der Verbindung der ersten vier Bedeutungen möglich. Übertragen auf die poetologische Sprachverwendung kann die referentielle Wortbedeutung und die damit zusammenhängenden Konventionen durch ein Aufeinanderprallen von Wortbedeutungen aufgehoben[61] werden.

   Eine selbstreferentielle, von Konventionen befreite Sprache, die eine Erweiterung und Veränderung des menschlichen Bewusstseins hervorruft und ein intuitives Erfassen des Wesens der Umwelt ermöglicht, war das poetologische Streben von Daniil Charms in seiner oberiutischen Phase. In seinem Aufsatz *Gegenstände und Dinge* nimmt Charms die Kerngedanken des Manifestes der Oberiu vorweg.

Manifest Oberiu[62]

Die kunsttheoretische Position der Oberiu geht aus deren Manifest hervor, das, Anfang 1928 von Zabolockij verfasst, als literarisches Manifest verbreitet wurde.[63]

Die Oberiu (Vereinigung einer realen Kunst) unterteilte sich in die Sektionen Literatur, Bildende Kunst, Theater und Film.

Oberiu verstand sich als „...eine neue Abteilung der linken revolutionären Kunst".[64] Ihre Zielstellung war es, mit Hilfe des künstlerischen Schaffens die bestehenden Dinge von

---

[59] Ebd. S. 60
[60] Ebd. S. 60, Dieses theoretische Hintergrundwissen macht die Losung der Oberiuten „Die Kunst ist ein Schrank", die sie auf ihre Plakate schrieben, nachvollziehbar.
[61] Vgl. Stoimenoff, S. 33
[62] Das u-Suffix - ein Vorschlag von Charms - am Ende des Wortes ist eine Parodie auf die üblichen avantgardistischen Bezeichnungen „-ismus" der damaligen Kunstbewegungen.
[63] Es gibt Hinweise darauf, dass es noch ein anderes, differenzierteres Manifest der Oberiu gegeben hat. Dieses ging jedoch verloren. Vgl. hierzu Anmerkung in Charms, 2003, S. 337

einem neuen Blickwinkel aus zu betrachten und das eigentliche, essenzielle Wesen des Gegenstandes durch eine von Konventionen befreite Sprache zu erfassen. Damit entwickelten die Oberiuten eine Kunst an, die eine Enthierarchisierung der Grundgattungen und eine Auflösung der Gattungsgrenzen, besonders zwischen Dramatik und Lyrik, anstrebte.

„Die OBERIU gleitet nicht über die Themen und Gipfel des künstlerischen Schaffens hin, sondern sucht nach einer organisch neuen Weltwahrnehmung und einem dementsprechend neuen Zugang zu den Dingen."[65]

Durch die besondere Aufmerksamkeit auf das „Innere des Wortes, der dramatischen Handlung und der Filmaufnahme, wird die Darstellung „....jedes beliebigen Themas" möglich. Der „universale" Charakter dieser künstlerischen Methode machte sie - wie sie es selbst nannten - zu etwas „Revolutionärem."[66] In einer Anmerkung wird sie als „Methode des konkreten materialistischen Empfindens des Objektes und der Erscheinung"[67] bezeichnet.

"Die Oberiuten begriffen sich als die Fortsetzer der Revolution und einer Kunst, die noch vom revolutionären Elan geprägt und wiederbelebt war. Zwar sprachen sie sich nicht dezidiert gegen eine allgemein verständliche Kunst aus, doch - und darauf liegt der entscheidende Akzent -, befürchteten sie die Konsequenzen, die die "Forderung nach ausschließlich solcher Kunst" zeitigen würde; "sie führt uns in das Dickicht der schrecklichsten Irrtümer"."[68]

Die Theaterkonzeption des Daniil Charms und der Oberiu

In ihrem Manifest beschreiben die Oberiuten ihr Theaterkonzept wie folgt:

„Nehmen wir an, zwei Menschen kommen auf die Bühne, sie sagen nichts, erzählen sich aber etwas - in Zeichensprache. Dabei blasen sie triumphierend die Backen auf. Die Zuschauer lachen. Ist das Theater? Ja. Sie werden sagen, das sei Schaubude? Aber auch Schaubude ist - Theater.
Oder: auf die Bühne senkt sich ein Prospekt, auf dem Prospekt ist ein Dorf gemalt. Auf der Bühne ist es dunkel. Dann wird es hell. Ein Mensch, als Hirte verkleidet, tritt auf und spielt Schalmei. Ist das Theater? Ja.
Auf der Bühne erscheint ein Stuhl, auf dem Stuhl steht ein Samovar. Der Samovar kocht. Aber anstelle von Wasserdampf kommen unter dem Deckelchen zwei nackte Hände hervor. Ist das Theater? Ja.
Dies alles: der Mensch, seine Bewegungen auf der Bühne, der kochende Samovar, das auf den Prospekt gemalte Dorf, das Licht, das erlischt und dann heller wird - das alles sind einzelne *Theaterelemente*.

---

[64] Charms, 2003, S. 324
[65] Ebd. S. 324
[66] Ebd. S. 326
[67] Stoimenoff, S. 36
[68] Martina, Angelika; *Retheatralisierung des Theaters: D. Charms´ "Elizaveta Bam"* in Zeitschrift für slavische Philologie Band XLII, Carl Winter Univerlag, Heidelberg, 1981

Bisher waren alle diese Elemente dem dramatischen Sujet untergeordnet - dem Theaterstück. Ein Theaterstück ist die Erzählung eines Ereignisses durch Personen. Und auf der Bühne wird alles getan, um so klar, verständlich und lebensnah wie möglich den Sinn und den Ablauf dieses Ereignisses zu erklären.

Theater besteht darin aber ganz und gar nicht. Wenn ein Schauspieler, der einen Minister darstellt, auf allen Vieren über die Bühne kriecht und dabei heult wie ein Wolf; wenn ein Schauspieler, der einen russischen Bauern darstellt, plötzlich eine lange Rede auf lateinisch hält, dann ist das Theater, dann interessiert das den Zuschauer - selbst wenn das mit dem dramatischen Sujet nicht das geringste zu tun hat. Es ist nur ein einzelnes Moment - erst eine Reihe solcher vom Regisseur organisierten Momente ergibt eine Theatervorstellung, die ihre eigene Linie besitzt, ihren eigenen szenischen Sinn.

Erst das wird ein Sujet, das einzig und allein das Theater zu leisten imstande ist. Das Sujet der Theatervorstellung ist theatralisch, wie das Sujet einer Musikvorstellung musikalisch ist. Sie alle stellen eines dar - eine Welt der Erscheinungen, je nach ihrem Material - sie vermitteln diese auf verschiedene, auf jeweils eigene Weise.

Wenn Sie zu uns kommen, vergessen Sie alles, was Sie in allen Theatern zu sehen gewohnt sind. Vieles wird Ihnen vielleicht unsinnig erscheinen. Wir nehmen das Sujet dramaturgisch. Es entwickelt sich anfangs einfach, wird dann plötzlich von scheinbar nebensächlichen, offenkundig sinnlosen Momenten unterbrochen. Sie sind erstaunt. Sie wollen die gewohnte, logische Gesetzmäßigkeit wiederfinden, die Sie im Leben zu sehen vermeinen. Aber die wird es hier nicht geben. Warum nicht? Weil der Gegenstand und die Erscheinungen, aus dem Alltagsleben auf die Bühne übertragen, ihre >Lebens>-Gesetzmäßigkeit verlieren und eine andere erlangen - die des Theaters. Erklären werden wir sie nicht. Um die Gesetzmäßigkeit einer Theatervorstellung zu begreifen, muß man sie sehen."[69]

Ästhetik und Kommunikation im Oberiu-Theater

Die Oberiuten gründen ihre Ästhetik wie die Surrealisten "auf die verborgenen Quellen der Inspiration".[70] In ihrer Konzeption stemmen sich die Oberiuten gegen jede Art Kunst, die auf Logik oder Rationalität basiert.

Jedoch will die willkürliche Dramenstruktur, die Desintegration und Deformierung der Sprache und der Dramenfiguren nicht zu einer beliebigen Interpretation verleiten. Vielmehr wird dadurch ein, wie es Müller-Scholle nennt, metalogischer, schlüssiger Kommentar zur Zeit und nicht zuletzt "die psychologische Wahrheit der Befindlichkeit des Dichters"[71] vermittelt.

Die Oberiuten, allen voran Charms und Vvedenskij, lehnten das dramatische Sujet ab und vertrauten stattdessen auf die Wirkung und die Wahrheit des einzelnen Moments. Mit ihren Stücken wollten sie die Fantasie des Zuschauers nicht bannen, sondern im Gegenteil freisetzen. Der Anspruch an den Zuschauer, Sujet und Handlung subjektiv zu interpretieren, ist für die Oberiuten ein nicht unwesentlicher Bestandteil ihres

---

[69] aus dem Manifest OBERIU in: Charms, 1997, S. 212/213
[70] Müller-Scholle, Christine: *Das russische Drama der Moderne - eine Einführung,* Verlag Peter Lang, Frankfurt a.M., Bern u.a., 1992, S. 149

kunsttheoretischen Konzepts. So verschweigen die oberiutischen Dramentexte mehr als sie direkt mitteilen, um den Zuschauer und Rezipienten zur privaten Deutung seines eigenen Anliegens und seiner eigenen Bilderwelt zu bewegen. Der Zuschauer soll dazu angehalten werden, den Entstehungshintergrund des Textes oder theatralischen Moments selbst zu rekonstruieren.[72] Zwischen dem dramatischen Geschehen und dem Publikum wird daher, trotz Durchbrechung der fiktionalen Ebene, nicht vermittelt und/oder kommentiert (im Gegensatz zum epischen Theater).

Zusammenfassend resümiert Müller-Scholle, dass das Oberiu-Drama "eine Gattung sui generis mit spezifischen Merkmalen"[73] darstellt.

- Thema und Form im Oberiu-Drama sind subjektiv, da es "aus der existenziellen Erfahrung von Isolation, Willkür und Bedrohung, aus der Sehnsucht nach einer sinnvollen, geordneten Welt"[74] entsteht. Amoral, die Anarchie des Trieblebens und das Asoziale sind seine Konstituenten. Es zeigt vorwiegend eine sehr eigenwillige Sprach- und Bilderwelt, "die das Publikum selbst zu ergründen hat."[75]

- Das Theater der Oberiu ist kritisch, liefert keinen Entwurf für eine Welt, sondern nur einen "Kommentar zum historischen Augenblick. Die in den Stücken willkürlich aneinandergereihten Momente "vermitteln die Wahrheit *eines* Gefühls, *einer* Vision.".[76] Es ist Replik und Bewusstseinserhellung.

- Trotzdem ist es frei von moralisierendem Bestreben. Durch seine angewendete Verfremdungstechnik neigt es eher zu distanzerzeugenden Methoden wie Ironie, Groteske und Komik. Seine dramatischen Personen unterliegen keiner Psychologisierung. "Sie sind Abstraktionen, Marionetten des absurden Einfalls, deren Prototyp in Charms´ "Blauen Heft Nr. 10" beschrieben ist."[77]

---

[71] Ebd. S. 149
[72] Vgl. ebd. S. 151
[73] Ebd. S. 166
[74] Ebd. S. 166
[75] Ebd. S. 166
[76] Ebd. S. 166
[77] Ebd. S. 166
Aus Charms, 1988, S. 207: „DAS BLAUE HEFT NR. 10:
Es war einmal ein Rotschopf, der hatte weder Augen noch Ohren. Er hatte auch keine Haare, so daß man ihn an sich grundlos einen Rotschopf nannte. Sprechen konnte er nicht, denn er hatte keinen Mund. Eine Nase hatte er auch nicht. Er hatte sogar weder Arme noch Beine. Er hatte keinen Bauch, er hatte keinen Rücken, er hatte kein Rückgrat, er hatte auch keinerlei Eingeweide. Nichts hatte er! So daß unklar ist, um wen es hier eigentlich geht. Reden wir lieber nicht weiter drüber.“

- Die in den Stücken dargestellten Bilder und theatralischen Momente liefern keine vollständige Interpretation, sie "werfen nur Schlaglichter auf das Leben".[78]

Müller-Scholle beschreibt die Oberiu-Dramen als sensible Aufklärung, die das Unglück zeigen, jedoch keinen Ausweg wissen. Sie ordnet die Oberiu-Dramen der absurden russischen Dramatik zu, deren Entwicklung jedoch Anfang des Zweiten Weltkrieges gewaltsam unterbrochen wurde. Selbst heute ist die Auseinandersetzung mit der letzten Avantgardebewegung in Russland, allem voran mit Charms und Vvedenskij noch weitgehend tabu.[79]

Theatralische Elemente waren für die Oberiuten Handlungslosigkeit, auch Zuständlichkeit, die Pantomime, der Überraschungseffekt und die diesen hervorrufenden Figuren, Objekte, Requisiten und Räume. Diese auf der Bühne umgesetzten Elemente "(...) bilden daher, wegen ihrer abstrakten Isoliertheit einerseits und ihrer neuwertigen Kombination andererseits, rezeptionsästhetisch gesehen "la sensation du neuf" (Baudelaire)."[80]

Logik, Gesetzmäßigkeiten und Eindeutiges wird im Oberiu-Theater verworfen, wird in Opposition gesetzt. Produktionsästhetisch kann dies "zu einer Erneuerung der formalen und inhaltlichen Ebene"[81] führen. Das Verhältnis von Inhalt und Form wird so verschoben, dass die formalen Elemente überwiegen. Sinnzusammenhänge und Beziehungszusammenhänge lösen sich durch die Zerstörung des tradierten Darstellungssystems auf, wodurch sich der artifizielle Charakter des Werkes offenbart.[82]

Das Oberiu-Theater propagiert ein totales Theater, in dem jedes verwendete Material, sei es Requisit oder eine einzelne Bewegung, zum autonomen und Bedeutung tragenden Zeichen wird. Diese semantische Aufwertung bewirkt, so Martini, "(...) ihre Theatralisierung bzw. Retheatralisierung".[83]

Damit nahmen die Oberiuten in ihrer Konzeption die vom Theaterreformer Antonin Artaud in seinem Manifest *Das Theater der Grausamkeit* formulierten Forderungen vorweg:

---

[78] Ebd. S. 166
[79] Vgl. Einleitung, speziell Forschungssituation oben
[80] Martini, A., 1981, S. 152
[81] Ebd. S. 152
[82] Vgl. Martini, S. 152
[83] Martini, S. 152

„(...) dass die nackte Sprache des Theaters, diese nicht virtuelle, sondern reale Sprache infolge ihrer Nähe zu Grundprinzipien, die ihr auf poetische Weise ihre Energie übertragen, durch die Nutzung des nervlichen Magnetismus im Menschen die Überschreitung der üblichen Grenzen von Kunst und Wort erlaubt, um auf aktive, das heißt magische Weise und *in echten Begriffen* eine Art allumfassende Schöpfung zu verwirklichen, in der der Mensch bloß noch seinen Platz zwischen dem Traum und den Ereignissen wieder einzunehmen braucht."[84]

Bühnenraum

Über den bevorstehenden Abend *Drei Linke Stunden* notierte sich Charms folgendes zur Bühne des in der zweiten Stunde zu spielenden Stückes *Elizaveta Bam:*

„1. Enger Raum - 1 und 2
2. Tiefer Raum - 3,4,5,6,7, und 8.
3. Wald. - 9,10,11,12,13,14,15,16, und (17)
4. Kleiner Raum - 18
5. Alles zusammen - 19."[85]

Ein Jahr später notierte er zu einer der letzten Veranstaltungen der Oberiu über die Bühne:

„Im Hintergrund Täfelchen und Bilder. Rechts das Plakat. Links die Losungen."[86]

Die Oberiuten gestalteten ihre Bühne mit sehr einfachen Mitteln. Eine Konzeption für Bühnenbau und -bild gab es nicht. Überwiegend experimentierten sich mit der Größe des Raumes.

Schauspielkunst

Informationen über Anforderungen an Schauspieler sind im Manifest Oberiu nicht enthalten. Einzelne Gedankensplitter darüber sind verstreut in Briefen, Prosatexten und ähnliches notiert. Beispielsweise formuliert Charms in seinem Notizbuch im September 1933 diesbezüglich einige Gedanken *ÜBER DAS LACHEN*:

"1. *Rat an humoristische Schauspieler*
    Ich habe bemerkt, daß es sehr wichtig ist, den Punkt zu finden, der zum Lachen bringt. Wenn du willst, daß das Auditorium lacht, geh auf die Estrade und steh dort so lange, bis jemand anfängt zu lachen. Dann warte noch eine Weile, bis noch jemand anfängt zu lachen. Dann warte noch eine Weile, bis noch jemand zu lachen anfängt, aber so, daß alle es hören. Nur muß dieses Lachen ehrlich sein, Claqueure helfen da nicht. Wenn all das geschieht, kannst du sicher sein, den Punkt gefunden zu haben. Danach kannst du mit deinem humoristischen Programm beginnen, und sei beruhigt, der Erfolg ist dir gewiss."[87]

---

[84] Artaud, Antonin: Das Theater und sein Double, Fischer Taschenbuch Verlag, Frankfurt a.M., 1987, S. 99
[85] Daniil Charms, Notizbuch, 1992, S. 66; *Elizaveta Bam* besteht aus 19 Bildern. Die angegebenen Zahlen beziehen sich auf die jeweiligen Bilder (siehe auch nachfolgende Analyse)
[86] Daniil Charms, 1992, S. 78
[87] Charms, 1992, S. 174/175

Eine ausgearbeitete Theorie zur Schauspielkunst ist letztlich bei Charms und den Oberiuten nicht zu finden.

II. Analyse und Beschreibung der Theatertexte von Daniil Charms

Die Kunst des Schweigens, ist das Tor, das ins Paradies führt.[88]

„Elizaveta Bam"

Das Drama *Elizaveta Bam* (vielfach auch als Groteske bezeichnet) galt den Oberiuten als Musterbeispiel ihrer dramatischen Bestrebungen. In ihrem Manifest heißt es dazu:

„Wir können nur sagen, unsere Aufgabe besteht darin, auf der Bühne eine Welt der konkreten Gegenstände in ihren Wechselbeziehungen und ihren Konfrontationen zu zeigen. An der Lösung dieser Aufgabe arbeiten wir in unserer Inszenierung <Elizaveta Bam<.
>Elizaveta Bam< wurde im Auftrag der OBERIU Sektion Theater vom Sektionsmitglied D. Charms geschrieben. Das dramatische Sujet des Stückes ist durchschossen von vielen, scheinbar nebensächlichen Themen, die den Gegenstand hervorheben als ein einzelnes, mit dem übrigen keinen Zusammenhang bildendes Ganzes; deshalb entsteht das dramatische Sujet vor Augen des Zuschauers nicht als deutlich erkennbare Sujetfigur (...). An seine Stelle tritt das szenische Sujet, das elementar aus allen Elementen unserer Aufführung hervorbricht. Ihm vor allem gilt unsere Aufmerksamkeit. Zugleich aber haben bestimmte Einzelelemente der Aufführung für uns ihren eigenen Wert und Reiz. Sie führen ein Eigenleben, ohne sich dem Ticken des Theatermetronoms unterzuordnen. Hier ragte die Ecke eines Goldrahmens hervor - er lebt als Kunstgegenstand; dort wird das Fragment eines Gedichts gesprochen - es ist in seiner Bedeutung selbstständig und treibt gleichzeitig - wider eigenen Willen - das szenische Sujet des Stückes voran. Bühnenbild, Bewegung des Schauspielers, eine weggeworfene Flasche, der Zipfel eines Kostüms sind ebenso Akteure wie die Schauspieler, die den Kopf schütteln und verschiedene Wörter und Sätze sprechen."[89]

Handlung und Zeit

Das Stück beginnt im Zimmer von Elizaveta Bam. Müller-Scholle sieht in dieser Ausgangssituation eine deutliche Analogie zum absurden Theater von Beckett und Pinter. Elizaveta Bam hat angeblich ein „abscheuliches Verbrechen" begangen und

---

Diese Technik wendet beispielsweise der Schweizer Theaterregisseur Christoph Marthaler in nahezu allen seinen Inszenierungen an. Die Schauspieler stehen oder sitzen meist als komische Typen zu Beginn der Aufführung mehrere Minuten lang regungslos auf der Bühne. Die Zuschauerreaktionen sind hier tatsächlich so, wie es Charms vorhersagt. Nach einer gewissen Zeit stellt sich vereinzelt Gelächter ein, das nach mehreren Momenten in allgemeines Gelächter übergeht. Die Erklärung liegt hier in der für Theater nicht erwartbaren Situation des Nichts-Tuns, die durch das komische Äußere der Figuren und ihrer Verharrung im Nichts-Tun ad absurdum geführt wird.
[88] Charms, 1992, S. 123

wartet auf ihre Verhaftung. Schließlich erscheinen ihre Verfolger Petr Nikolaevitsch und Ivan Ivanovitsch, um sie dem Gesetz auszuliefern. Beide sind durch die geschlossene Tür vorerst nur als körperlose Stimmen wahrnehmbar.

Die hier dargestellte Anfangssituation wirkt bedrohlich. Das Erleben existenzieller Angst seitens der Protagonistin äußert sich in knappen Satzwiederholungen, der Wiederholung rhetorischer Fragen, durch Ellipsen, Interjektionen und affektbedingten Infinitivkonstruktionen.[90] Die ausgelöste Panik wird durch das Ausführen abrupter Bewegungen noch verstärkt.

Nachdem sich die Tür öffnet, erscheinen die Verfolger als Invaliden. Die bedrohliche Ausgangssituation wird nun zu einer clownesken. Darauf folgt eine Aneinanderreihung burlesker Episoden, in denen sich die Figuren, das Umfeld und deren Situationen ständig verändern und schließlich wieder in ihrer Ausgangssituation enden.

Die Angst ist hier die treibende Kraft und zugleich das Grundmotiv in *Elizaveta Bam*, dessen dramatisches Geschehen sich in einem immer wiederkehrenden Kreis bewegt.[91]

 Durch das Fehlen einer Handlungslinie lässt sich auch die Zeitangabe in *Elizaveta Bam* in keinen logisch-linearen Ablauf einordnen. Anstelle des Handlungskonzepts tritt eine unkoordinierte Folge von Einzelaktionen, daher ist auch eine chronologische Zeitfolge nicht fixierbar. Vergangenheit und Zukunft werden immer wieder durch die Unbestimmtheit der Gegenwärtigkeit aufgehoben.

Aufbau a): Kuski

Charms konstruiert sein Stück in 19 "Kuski" (Stücke). Damit signalisiert er deren lose Aneinanderreihung und Bruchstückhaftigkeit, aber andererseits auch die Geschlossenheit jeder einzelnen Szene. Jedem dieser Stücke gibt er eine Überschrift, die weniger dazu dient, den Inhalt der einzelnen Szenen zu beschreiben, als vielmehr deren Gattungszugehörigkeit zu klassifizieren.[92] So nennt er das erste "Kusok" "Realistisches Melodrama", das zweite "Realistisch komödiantisches Genre", das dritte "Absurd komisch-naives [genre]" und das vierte "Realistisches Genre milieukomödiantisch". Die Überschrift des siebten Stückes: "Triumphales Melodrama

---

[89] Aus Manifest Oberiu in Charms, 1997, S. 214f
[90] Vgl. Müller-Scholle, S. 136
[91] Vgl. ebd. S. 137 und 140
[92] Vgl. Martini, S. 155

akzentuiert" weist einen indirekten Bezug auf das erste Stück auf, allerdings mit "semantischer Erweiterung"[93]. Eine weitere Ähnlichkeit in den Stückbezeichnungen findet sich im fünften: "Rhythmisch (Radix) Rhythmus des Autors", dem zwölften "Stück der Tschinari" und dem dreizehnten: "Radix". Das Wort "Radix" verweist auf das von Studenten des GIII 1926 gegründete (und von den Oberiuten angestrebte) gleichnamige Theater.[94]

Beide Stückbezeichnungen "Tschinari"[95] und "Radix" weisen auf die dem Drama zugrunde liegenden theoretischen Methoden hin.

Das achte Stück "Mischung der Höhen", das neunte: "Landschaft", das zehnte: "Monolog á part. Stück auf zwei Ebenen", das elfte: "Ansprache", das vierzehnte: "Klassisches Pathos", das sechzehnte: "Glockenspiel", das siebzehnte: "Physiologisches Pathos" und das neunzehnte: "Opernfinale"[96] verweisen auf Stilistik oder sind als Regieanweisungen zu verstehen.[97] Die von Charms verwendeten Gattungsüberschriften werden einerseits als Parodie auf das traditionelle Gattungsverständnis verstanden und geben Aufschluss über die Beziehung von poetologischer Aussage und der darauf basierenden Wirklichkeitsauffassung.

Charms verzerrt die gattungsspezifischen Merkmale, indem er die durch die Stücküberschriften evozierten Konventionen mit den darauf folgenden Inhalten bricht. Er kombiniert und kontextualisiert konventionelle Gattungsmerkmale neu und erzeugt damit eine Perspektive, die erweiterte Aussagemöglichkeiten eröffnet. Martini spricht hier von einer tendenziellen "Theatralisierung des Theaters".[98]

Durch das hier verwendete Verfahren der Montagetechnik gibt sich das Kunstwerk, einschließlich seiner verwendeten Mittel als solches, zu erkennen und thematisiert sich somit selbst. Die übliche vom klassischen Drama angestrebte Illusionserzeugung wird damit gebrochen und darüber hinaus parodiert.[99]

---

[93] Vgl. ebd. S. 155
[94] Die Mitstreiter dieses Theaters strebten nach einer Dramaturgie, die durch avantgardistische Verfahren wie beispielsweise der Montage und der Aneinanderreihung von Szenen der von Traditionen behafteten Erwartungshaltung der Zuschauer zuwider läuft und die reinen Wurzeln des Theaters sichtbar macht.
[95] „Tschinari" war die Bezeichnung der von Vvedenskij und Charms 1926 gegründeten Dichterschule
[96] Die folgenden Stücküberschriften habe ich der Übersetzung von Peter Urban in Charms. *Theater*, 1997, entnommen.
[97] Vgl. Martini, S. 156
[98] Martini, S. 157

Figurenkonzeption

Die Rollen „Verfolger" und „Verfolgte" sind in den ersten beiden Stücken eindeutig verteilt. Im dritten Stück stellt Elizaveta Forderungen an ihre Verfolger und kehrt somit den Status der Rollen um. Die anfänglich ernste und bedrohlich anmutende Ausgangssituation wird zu einer verspielten, clownesken Situation.

„Elizaveta Bam: (...) Mama! Komm doch her. Die Gaukler sind da. (...) Machen Sie sich bekannt, Petr Nikolaevitsch, Ivan Ivanovitsch. Zeigen Sie uns ein Kunststück."[100]

Die Protagonistin schlüpft hier unvorhergesehen in die Rolle eines verantwortungsfreien Kindes. Die Wandlungen der Figur Elizaveta Bam vollziehen sich völlig unmotiviert. Sie gehen sogar so weit, dass Elizaveta im siebten Stück die Bedrohung, die im ersten Stück von Petr N. ausging, nun als dieser figuriert.

Am Ende ihrer Wandlungen ist sie wieder jene Angeklagte wie in der Ausgangssituation.

Auch die Metamorphosen der Figuren Petr Nikolaevitsch und Ivan Ivanovitsch vollziehen sich unmotiviert von Verfolgern zu Krüppeln, zu Gauklern, zu Verfolgten. Die Verwandlungen von Petr N. sind dabei vielfältiger als die von Ivan I.. Er wird beispielsweise im vierzehnten Stück zum Philosophen:

„N.P.: Planeten Lauf, der Erde Kreisen, / den irren Wechsel zwischen Tag und Nacht, Verbindungen der dumpfen Natur, / schlafender Tiere Zorn und Kraft
und Unterwerfung der Gesetze / des Lichtes und der Welle durch den Menschen.",

und noch im selben Stück wird er von Ivan I. als Zauberer beschrieben:

„Ivan I. (...) Mit einem Schlag nur seiner Flügel / versetzt er Meere in Bewegung / mit einem Schlag nur seiner Axt / fällt Wälder er und Berge, Hügel - / mit einem, einem Atemzug / der fort ihn durch die Lüfte trug, / ist überall und nirgends er."

Im darauffolgendem Stück kämpft er als Recke mit Papascha, dem Vater von Elizaveta Bam, und kommt dabei zu Tode. Wieder zum Leben erweckt und als Feuerwehrmann verkleidet, führt er dann im neunzehnten Stück, zusammen mit Ivan I., der ebenfalls als Feuerwehrmann verkleidet ist, Elizaveta Bam in ihrem Zimmer ab.

Durch die Verwandlungen der Figuren wird der Verlust ihrer Subjekthaftigkeit und damit ihrer Innerlichkeit bewirkt. Die Figuren in Charms´ Drama werden auf rhythmisierte Bewegungsabläufe reduziert. Sie handeln unselbstständig und willkürlich.

---

[99] Vgl. Martini, S. 156
[100] Charms, 1997, S. 62, ebenso alle folgenden Zitate aus *Elizaveta Bam* in Charms, 1997, ab S. 57-88

Sie haben weder eine Vergangenheit noch eine Zukunft, was ihren Identitätsverlust, so Martini, verdeutlicht. Der Bericht aus der Jugendzeit von Petr Nikolaevitsch wird nahtlos als selbst erlebt von Ivan Ivanovitsch fortgesetzt:

„P.N. (...) Doch eines Nachts wachte ich auf ...
I.I. ... und sehe; die Tür steht offen, und in der Tür steht eine Frau."

Weiterhin wird der Identitätsverlust der Figuren durch das Agieren der Musikinstrumente und der körperlosen Stimmen unterstrichen, die in bedeutungstragende Textpassagen der Figuren eingreifen und sie ihnen somit entreißen.

„18.: (...)
1. Stimme Ich befehle Ihnen, machen Sie die Tür auf. / 2. Stimme *leise* Brechen wir die Tür auf. / 1. Stimme Elizaveta Bam; machen Sie die Tür auf, sonst brechen wir sie auf."

Durch die willkürlichen, ständigen Metamorphosen der Figuren ergeben sich auch ebenso willkürliche Beziehungen unter ihnen, die sich mit jeder neuen Wandlung immer wieder neu konstatieren, aber durch ihre kurze Dauer letztlich fragmentarisch bleiben. Martini sieht in den Modifikationen der Figuren deren Offenbarung als „Negativ sinnbezogener Wirklichkeit"[101].

Aufbau b): Drei Schichten und Spielebenen

Der dramatische Text *Elizaveta Bam* ist, so Martini, in drei Schichten unterteilt. In diesen drei Schichten sieht sie die entscheidende Konzeption der den Figuren zugeordneten Situationen und der Figuren selbst. Die erste Schicht ist durch ihre noch nicht vollständig offenbarten referentiellen Bezüge auf die Wirklichkeit gekennzeichnet. Hier ordnet sie die ersten und letzten beiden Stücke ein. In der ersten Schicht wird die Situation gezeigt, die in den ersten und letzten beiden Stücken einen vorwiegend bedrohlichen Charakter hat und zudem die Ausweglosigkeit der Protagonistin und ihrer Gegenspieler offenbart. Auch wenn die Bezüge auf die Wirklichkeit noch nicht vollständig offenbart werden, bilden die ersten und letzten beiden Stücke einen realitätsbezogenen Rahmen, gleichzusetzen mit der Spielebene A. Dieser realitätsbezogene Rahmen hebt sich jedoch, nach Martini, nicht vollständig vom Umrahmten, auch Spielebene B, ab. Punktuell lassen sich Verweise der Spielebene B auf die Spielebene A finden.

---

[101] Martini, 1981, S. 159. Die in Anführungszeichen gesetzten Formulierungen hat Martini von Th. Adorno übernommen.

In der zweiten Schicht verlagert sich der Akzent der unvollständigen Referenzbezüge auf das Formal- und Sprachstrukturelle. Diese Schicht ist vorwiegend aus alogisch-spielerischen Elementen konstituiert. Die dritte Schicht umfasst die Philosophie- und Poesieeinlagen, die einerseits parodistische Funktionen erfüllen und andererseits auf die bruchstückhafte Verbindung der Schichten untereinander verweisen.[102] So isoliert sich beispielsweise die erste nicht gänzlich von der zweiten Schicht. Punktuelle Verweise der zweiten auf die erste Schicht sieht Martini zum Beispiel im vierzehnten Stück, das sie der zweiten Schicht zuordnet. Hier erinnert sich Petr Nikolaevitsch:

„(...) morgen Nacht da stirbt Elizaveta Bam".

Martini versteht dies als Parodie auf die klassische Konfliktzuspitzung des Dramas.

Die Spielebenen A und B werden im 15. Stück um eine dritte, die Spielebene C, erweitert. "Sie bildet das Theater im Theater auf dem Theater oder auch das Spiel im Spiel des Spiels, das ausdrücklich durch die Programmankündigung Ivan Ivanovitsch´s (im 15. Stück, L.S.) vom Kontext abgehoben wird: "Der Kampf zweier Recken. Text von Immanuila Krajsdajtejik, Musik von Veliopage, dem niederländischen Hirten ...".".[103]

Sprache

Seine Identität versucht Ivan Iv. im siebten Stück durch Sprache zu manifestieren:

„I.I. Ich spreche, also bin ich."

Kurz darauf ahnt er aber sein Scheitern:

„I.I. Ich spreche, um zu sein. Dann, scheint mir, ist es schon zu spät."

Alle Analysen weisen auf eine Reduktion der Sprache hin, die sich bis zu ihrer Sinnentleerung und darüber hinaus sogar bis zu ihrer Auflösung vollzieht. Dieses Verfahren ist kennzeichnend für europäische Avantgardebewegungen, wie beispielsweise Futurismus und Dadaismus. Charms benutzt hierzu Verfahrensweisen wie:
- Nonsens-Wortspiele, beispielsweise:

"I.I.: Das ist eure Rechnung / Schwer seit schwer / Rotte oder Peloton / Mit Maschinengewehr.";

- das Aneinandervorbeireden, z.B.:

"16. E.V.: Ivan Ivanovitsch, gehen Sie in die halbe Bierstube und holen Sie uns eine Flasche Bier und Erbsen. (...) I.I.: Sofort, ich verstecke nur den Mantel in der Bierstube und setze mir eine halbe Erbse auf den Kopf";

---

[102] Vgl. Martini, S. 158
[103] Martini, S. 164

- die Verballhornung des Wortes (bsw. 5. Stück),

- die Simultanität von Nonsensgeräuschen, wie:

"P.N.: Kuranbür, doramur dündiri sasakatür pakaradagu ..."

- sowiephilosophische Erörterungen (wie bsw. im 14. Stück).

Die Reduktion der Sprache geht einher mit der Reduktion der Figuren und wird Zeichen der Entfremdung und Verdinglichung des Menschen.

Hinter den von Charms verwendeten sprachlichen Verfahren verbirgt sich, neben der Parodie auf die herkömmliche dramatische Dialogsprache, auch die Reflexion über deren Sinn, Möglichkeiten und Unmöglichkeiten.

Im Beiseitesprechen sieht Martini eine metasprachliche Funktion, die sich aus der Reduzierung der Sprache auf rudimentäre Lexeme, Wiederholungen und phonetische Reihen zusammensetzt.

Die durch Verfremdung und Destruktion erzeugte Thematisierung der Sprache bekräftigt das Bestreben Charms´ sowie der Oberiuten, eine neue poetische Sprache zu schaffen. Gleichzeitig zerstören die verwendeten sprachlichen Verfahren eine vorgebildete Definition und Interpretation der zu vermittelnden Inhalte und schaffen so beim Rezipienten Spielräume, die ihn zu einer verschärften Wahrnehmung und deshalb zu neuen Erkenntnissen verhelfen können.

Die Worte und deren innewohnenden Bedeutungsqualitäten werden in *Elizaveta Bam* durch das Hervortreten theatraler Elemente wie Gesten, Requisiten und Körperbewegungen weitgehend ersetzt. Die Kulissen, Instrumente und Geräusche werden auf der Bühne zu gleichberechtigten Akteuren. Martini spricht in diesem Zusammenhang von einer "Retheatralisierung des Theaters".

Zusammenfassung

Die in *Elizaveta Bam* verwendeten Zeichen erreichen ihre vollständige Selbstständigkeit, sobald sie nicht mehr auf die gängige Wirklichkeit verweisen. Das Kunstwerk und alle seine verwendeten Mittel stehen für sich selbst, sind selbstreferentiell. Weiterhin evoziert das Gegen- und Miteinander von sprachlichen und inhaltlichen Elementen, von Requisiten und Figuren, von existenziellen und banalen Situationen und Ereignissen, von Zeit und Zeitlosigkeit und von geschlossenen und offenen Räumen den Verfall des Eindeutigen.[104]

Das Verfahren der willkürlichen Anordnung erstreckt sich in der „oberiutischen Phase" bei Charms nicht nur auf ein Aufeinanderprallen von „Wortbedeutungen", sondern darüber hinaus auch auf Gattungsmerkmale und -stile, auf Motive und Sprachstil.[105] Charms´ Anspruch einer universalen poetischen Erneuerung geht einher mit einer Überwindung von Gattungskonventionen. Dies versucht er durch Kombination und Verknüpfung semantisch und stilistisch unvereinbarer Elemente zu erreichen. Durch poetologische Verfahren wie Stilbrüche, Rhythmuswechsel sowie die Verwendung verschiedener Gattungsmerkmale im selben Text entsteht in Charms Werken eine Mischform, die sein Bestreben, eine Synthese dieser Elemente herzustellen, verdeutlicht. Als besonderes Merkmal wird dabei der fragmentarische Charakter in seinen Texten deutlich. Beispielsweise stehen einzelne Stücke in *Elizaveta Bam* unverbunden nebeneinander. Ebenso fehlt häufig eine logische Verknüpfung einzelner Aussagen und Dialogteile. Geweckte Erwartungen und erahnbare Zusammenhänge werden radikal enttäuscht. Die Grenzen der zu einem Ganzen zusammengefügten - meist alogisch aneinandergereihten - Bruchstücke und Fragmente sind nur intuitiv erfassbar.[106]

Der Charakter des sprachlichen Verfahrens in den Texten von Charms ist gekennzeichnet durch sein spielerisches Variieren von Textkomponenten. Damit reiht sich Charms in die Tradition des russischen Volkswitzes ein, der vorwiegend in Anekdoten über bekannte Persönlichkeiten in Erscheinung tritt.

Das Theater des Daniil Charms und das Theater des Absurden
Exkurs: Ursprünge des ´Absurden´ in der russischen Literaturgeschichte
Als 1961 Martin Esslin seine Studie über das Theater des Absurden herausbrachte[107], galt das russische Theater bis zu diesem Zeitpunkt und auch noch rund zwanzig Jahre

---

[104] Vgl. Martini, S. 161
[105] Vgl. Stoimenoff, S. 55
[106] Vgl. ebd. S. 55
[107] Esslin, Martin, *Das Theater des Aburden. Von Beckett bis Pinter.* Rowohlt Taschenbuch Verlag, 1996 Zu den Vertretern des Theater des Absurden zählt er jene Autoren, bei denen sich eine Geisteshaltung in ihren Dramen erkennen lässt, die man nach Camus als absurd bezeichnet. „Das Hauptmerkmal dieser

danach als realistisches Theater. Es wurde ausschließlich für ein Theater "für das gesellschaftsbezogene Stück, den realistischen Konflikt, das kritische Abbild der sozialen Verhältnisse - sowie für das besonders geschärfte gesellschaftliche und politische Bewusstsein seiner Autoren" [108], gehalten. Dieses Zerrbild war in der europäischen Forschung so manifest, dass absurde Tendenzen im russischen Theater bei Esslin keine Erwähnung fanden. Erst 1978, als Bertram Müller[109] sich in seiner Dissertation mit der Entstehung und Entwicklung absurder Literatur in Russland auseinander setzte, begann sich diese Lücke zu schließen. Müller beschäftigte sich vorwiegend mit der letzten russischen Avantgardebewegung Oberiu (dt.: Vereinigung der Realen Kunst), insbesondere mit deren Hauptvertretern Aleksandr Vvedenskij und Daniil Charms. Beide Autoren sieht er als Begründer der absurden Literatur in Russland. Zur Untermauerung seiner These versucht der Verfasser Kriterien für das absurde Drama herauszuarbeiten und lehnt sich in seiner Argumentation an das von Albert Camus 1942 verfasste Essay *Der Mythos von Sisyphos*[110] und an Aufsätze über das absurde Drama u.a. von Hildesheimer (*Erlanger Rede über das absurde Theater*), sowie an das von Literaturwissenschaftlern zum Musterdrama des Theaters des Absurden erkorenem Drama von Beckett *Warten auf Godot*. In seiner Analyse kommt Müller zu dem Schluss, "daß sich der Sinn von absurder Literatur primär von der Struktur her erschließt, da die sprachliche Ebene sich einer logischen Erklärung entzieht. Dies bedeutet eine Abwertung der Sprache, denn das Eigentliche wird in absurder Literatur - im Gegensatz zu aller traditionellen Literatur - auf außersprachlichem Weg ausgedrückt."[111]

Geisteshaltung ist die Erkenntnis, daß die Gewißheiten und unerschütterlichen Glaubenssätze früherer Zeiten hinweggefegt sind; sie wurden gewogen und für zu leicht befunden und sind nun als billige und etwas kindliche Illusionen in Verruf geraten." Esslin, S. 13

[108] Nachwort von Peter Urban in: *Fehler des Todes. Russische Absurde aus zwei Jahrhunderten*, hg. von Peter Urban, Frankfurt/M. 1990, S. 475

[109] Müller, Bertram: Absurde Literatur in Rußland. Entstehung und Entwicklung, München, 1978 (Diss. Univ. Köln)

[110] Camus, Albert, *Le Mythe de Sisyphe*. Paris 1942 (Dt. Der Mythos des Sysyphos)
Camus gibt in seinem Essay dem Begriff ´absurd´ einen neuartigen Bedeutungsgehalt. Ursprünglich bedeutete „absurd" disharmonisch in einem musikalischen Kontext. Bei Camus wird der Terminus „absurd" zur Beschreibung eines Gefühls metaphysicher Angst. Absurd war für Camus das Verhältnis des Menschen, der fragt, zur Welt, die schweigt. Für die Autoren des westlichen Theaters des Absurden galt Camus als philosophischer Wegbereiter.

[111] B. Müller, Absurde Literatur, S. 31

Vorreiter der russischen Literatur des Absurden findet Müller schon in der literarischen Klassik.[112] So sieht er in Puschkins *Evgenij Onegin* die für das absurde Drama kennzeichnende "Tendenz der enttäuschten Erwartung vor dem Hintergrund von Gattungsnormen".[113]

Auch in Gogols *Revisor* stellt B. Müller Tendenzen zur absurden Literatur fest, weil "dieses dramatische Spiel eine Parabel über die Fremdheit des Menschen in der Welt verkörpert".[114]

Des weiteren stößt er auf Alogismen in den Romanen von Dostojewski und Koz´ma Prutkov. Bei Schriftstellern der impressionistischen Literatur wie Tschechow sind ebenso Tendenzen zum Absurden, wie "das Fehlen der Handlung und die Zerstörung der Kommunikation zwischen den Personen"[115], feststellbar. Zu all den genannten Schriftstellern findet Müller aber Merkmale, die deren Werke deutlich von jenen Autoren unterscheiden, die sich eindeutig in die Kategorie absurder Literatur einordnen lassen. In der russischen Literaturgeschichte kämen, so Müller, die russischen Futuristen mit ihrer angestrebten "Zerstörung des Wortes in seiner konventionellen Form"[116] der absurden Literatur am nächsten. Er schließt nicht aus, ihren wichtigsten Vertreter Chlebnikov als den unmittelbaren Vorläufer des Absurden zu bezeichnen. Die Werke von Charms und Vvedenskij fasst er gänzlich als absurde Literatur auf. Anhand der untersuchten Techniken in Charms´ Kurzprosa und seinem Drama *Elizaveta Bam* sowie zwei Theaterstücken von Vvedenskij zeigt er, "daß diese Werke die wichtigsten der dem Absurden zugeordneten Aspekte zeigen: die alogische Struktur, den schwarzen Humor, das Empfinden der Zerrissenheit der Welt und der Zersplitterung der Zeit, und das Gefühl der Sinnlosigkeit des menschlichen Daseins."[117]

---

[112] Bei der Herausarbeitung der russischen Vorreiter des Absurden beschränkt sich Müller auf das 18. und 19. Jahrhundert.

[113] B. Müller, S. 33

[114] Ebd. S. 33

[115] Lukanitschewa, 2003, S. 89

[116] B. Müller, S. 33

[117] Lukanitschewa, 2003, S. 90 Diese Feststellung ist generell nicht falsch, scheint jedoch, speziell bei Charms, etwas undifferenziert. Denn sein oben genanntes Drama und seine Kurzprosa fallen bei ihm in zwei unterschiedliche Werkphasen, die im Zusammenhang mit verschiedenen kulturellen, politischen und künstlerischen Bedingungen stehen. (vgl. Stoimenoff: *Das sprachliche Verfahren des Daniil Charms*, 1978, S. 15) Die von Müller getroffene Schlußfolgerung zielt, in Bezug auf das literarisches Gesamtwerk von Charms, auf die Feststellung hin, Charms ausschließlich als einen Autor absurder Literatur zu klassifizieren. Hierbei bleiben jedoch Charms Werkphasen unberücksichtigt und seine frühe Lyrik zu Unrecht unterbewertet.

In seinem Buch *Fehler des Todes. Russische Absurde aus zwei Jahrhunderten*
bemerkt der Übersetzer Peter Urban:

"Das Bewußtsein des Absurden ist in der russischen Dichtung von allem Anfang - also von
Puschkin - an gegenwärtig; und es scheint, als literarische Wahrnehmung, in Rußland sogar
früher und schärfer ausgeprägt zu existieren als anderswo. Dies hat nicht unwesentlich zu tun
mit dem Zustand der Welt, wie diese sich dem russischen Dichter darbot und bis heute
darbietet. In keinem Land der zivilisierten Welt war - und ist - die Kluft zwischen Sprache und
Sein, zwischen öffentlich behauptetem Anspruch und Lebenswirklichkeit so groß wie gerade
dort."[118]

Nach Urban ist "das Gefühl des Absurden" eine in der Gesellschaft Russlands zeitlose
Erscheinung und ist somit "keiner literarischen Stilepoche zuzuordnen".[119] In seinem
Buch stellt er in Auszügen die Werke von 22 Autoren[120] vor, die Urban allesamt der
absurden Literatur zuordnet, weil "(...) ungeachtet aller stilistischen Unterschiede bilden
die russischen Dichter des Absurden eine feste Kette, die nicht zu zerreißen ist."[121]

Von dieser, wenn auch streitbaren, Definition ausgegangen stellt Lukanitschewa fest,
"(...) dass sowohl die in den Studien von Esslin und Müller diskutierten absurden Züge
als auch das absurde Gefühl, das sich auf semantischer Ebene der Texte spüren lässt,
im Werk von Vvedenskij und Charms ihre höchste Konzentration erreichen."[122]

Vergleich „Elizaveta Bam" mit Ionescos „Die kahle Sängerin"

Im folgenden werden anhand des Charms` Dramas *Elizaveta Bam* und Ionescos Stück
Die kahle Sängerin die Gemeinsamkeiten und Unterschiede zwischen dem Oberiu-
Drama und dem Theater des Absurden herausgearbeitet.

Jaccard ordnet *Elizaveta Bam* von Charms dem Theater des Absurden zu. Er begründet
das mit der im damaligen Russland verlorengegangenen Mystik. So zeugen zwar noch,
so Jaccard, Majakovskijs *Vladimir Majakovskij* und *Misterija-Buff* sowie Chlebnikovs
Sternensprache und *Pobeda nad solncem* (Der Sieg über die Sonne) vom
Zukunftsstreben der russischen Futuristen nach einer Wahrheit und der Eroberung
einer Welt. Diese Zukunft aber wurde durch das Monopol der RAPP (der literarische

---

[118] Urban, 1990, S. 481 f.
[119] Urban, 1990, S. 483
[120] das sind Puschin, Gogol, Koz´ma Prutkov, Dostojewski, Tschechow, Ivan Turgenev, Saltykov-
Tschedrin, Suchovo-Kobylin, V. Solov´év, F. Sologub, Blok, Chlebnikov, Majakowskij, Erdman, Vvedenskij,
Charms, Julij Daniel, Vladimir Kazakov, Venedikt Erofeev, Iosif Brodskij, Dmitrji Prigov und Vladimir
Sorokin; vgl. Urban (Hrsg.), *Fehler des Todes*, 1990
[121] Urban, 1990, S. 483

Einheitsverband der Schriftsteller im damaligen Russland, der ideologiegetreu die Richtlinien für Form und Ästhetik der Literatur festlegte, vgl. auch Einleitung oben) und ihres strengen, ideologiebehafteten Formalismus verbaut. Aus diesem Grund sahen die vorwiegend alternativen russischen Literaten die Menschen mit jenem „Gefühl des Absurden" konfrontiert, das sie in ihren Werken auszudrücken versuchten.

Die wesentlichste Analogie zwischen dem Theater von Charms und dem Theater des Absurden sieht Jaccard "in einer gewissen Haltung gegenüber einer Sprache, die unfähig ist, die Welt auszudrücken."[123] Jaccard vergleicht hierzu Charms´ *Elizaveta Bam* mit Ionescos *Die kahle Sängerin*. An den Postulaten, die, um eine Kommunikation zu ermöglichen eingehalten werden müssen, baut er seine Argumentation auf.

Das Postulat der Determiniertheit verlangt von den Kommunikationspartnern eine in etwa einheitliche Vorstellung von Realität. Das impliziert eine ähnliche Vorstellung in Bezug auf den Bedeutungsgehalt eines Wortes. Die Determiniertheit will, so Jaccard, dass jeder Wirkung einer bestimmbaren Ursache zuzuordnen ist. Dieser Kausalzusammenhang wird sowohl bei Charms als auch bei Ionesco verzerrt. Hierin ist Jaccard zufolge eine der wesentlichsten Verfahren bei den Autoren des Theaters des Absurden zu klassifizieren. Die Verzerrung des Kausalzusammenhangs beweist Jaccard bei Charms mit seinem Text *Svjaz* (Der Zusammenhang). Der erste Satz lautet hier: "Ich schreibe Ihnen als Antwort auf Ihren Brief, den Sie mir schreiben wollen."[124]

Das Ursache-Wirkung-Prinzip wird hier insofern verletzt, als der Ausdruck "als Antwort" das Vorhandensein eines darauf bezogenen Briefes notwendig macht, was jedoch mit dem Verb "wollen" nicht erfolgt. Das gesamte Stück *Elizaveta Bam* ist auf diesem Prinzip aufgebaut. Dies zeigt sich bereits in der Anfangsszene. Hier wird die Protagonistin Elizaveta eines Verbrechens beschuldigt, das sie laut eigener Aussage nicht begangen hat. Am Ende des Stückes wird Elizaveta verhaftet (Wirkung), die Ursache hierfür jedoch bleibt ungeklärt.

Ein begangenes Verbrechen ist Jaccard zufolge in *Elizaveta Bam* notwendig, da Charms´ Stück darauf ausgerichtet ist, den Kausalzusammenhang wiederherzustellen. Der Vater, Papascha, begeht dann im Laufe des Stückes tatsächlich ein Verbrechen. Er ermordet Petr Nikoleavitsch. Diese veränderte Ursache bewirkt jedoch keine

---

[122] Lukanitschewa, 2003, S. 91
[123] Jaccard, S. 468

Veränderung der Wirkung. Elizaveta wird trotzdem verhaftet, und das widersinnigerweise von dem ermordeten Petr Nikolaevitsch. Hierin sieht Jaccard eine Verstärkung der Verzerrung des Kausalzusammenhanges. Durch dieses Verfahren schöpft sich die für absurde Literatur typische Komik.

In der VII. Szene in Ionescos *Die kahle Sängerin* wird das Problem des Kausalzusammenhanges sogar noch ausführlich besprochen:

„Mr. Smith: Nanu, es klingelt.
Mrs. Smith: Ich werde nicht mehr nachschauen.
Mr. Smith: Ja, aber da muß jemand draußen sein!
Mrs. Smith: Das erste Mal war niemand, das zweite Mal auch nicht: Wie kannst du glauben, daß jetzt jemand da ist?
Mr. Smith: Weil es geklingelt hat!
Mrs. Smith: Das ist kein Grund.
Mr. Martin: Wie? Wenn es klingelt, so heißt das, daß jemand vor der Tür steht und wartet, daß man ihm die Tür aufmacht.
Mrs. Martin: Nicht immer. Wir haben es soeben gesehen.
Mr. Martin: In den meisten Fällen eben doch.
Mr. Smith: Wenn ich zu jemand auf Besuch gehe, läute ich, bevor ich eintrete. Ich denke, daß es alle so halten, so daß jemand da sein muß, wenn es klingelt.
Mrs. Smith: Das stimmt in der Theorie. Aber in Wirklichkeit geschieht alles anders. Du hast doch vorhin gesehen!"[125]

In *Elizaveta Bam* (nun kommt Jaccard zum eigentlichen Vergleich der beiden Stücke) findet sich dieselbe Problematik:

„Ivan Ivanovitsch: In diesem Häuschen, das von Holz,
das eine Hütte wird genannt, in dem ein Lichtlein brennt und knistert,
wer, sagt mir, lebt in diesem Häuschen?
Petr Nikolaevitsch: In ihm lebt niemand,
niemand macht die Tür auf,
drin reiben nur die Mäuse mit der flachen Hand das Mehl,
drin brennt ein Licht wie Rosmarin,
und auf dem Ofen sitzt den lieben langen Tag
als Eremit die Kakerlake Tarakan.
Ivan Ivanovitsch: Und wer zündet das Licht an?
Petr Nikolaevitsch: Niemand. Das brennt von allein.
Ivan Ivanovitsch: Aber das gibt es doch nicht."[126]

In der Welt des Absurden, in der es keine Determinanten gibt, existiert die Zeit gar nicht oder nur unvollständig. So schlägt die Wanduhr in Ionescos Stück nicht der Zeitangabe

---

[124] Charms in Jaccard, 1989, S. 469
[125] Ionesco in Jaccard, S. 470
[126] Charms in Jaccard, S. 470

wegen, sondern um die Gespräche der Stückfiguren verschiedenartig zu untermalen und zu kommentieren:

„Die Wanduhr schlägt siebenmal. Pause. Die Wanduhr schlägt dreimal. Pause. Die Wanduhr schlägt keinmal." (...) „die Wanduhr schlägt so oft sie will" (...), „die Wanduhr unterstreicht das Gespräch von Fall zu Fall mit größerer oder geringerer Lautstärke"[127]

Die Zeit ist ebenso (auch wenn das Jaccard nicht ausdrücklich betont) in *Elizaveta Bam* in keiner logischen Einheit aufgebaut.

Auch haben beide Stücke einen - als typisches Merkmal für das Theater des Absurden - kreisförmigen Ablauf. Ionesco letzte Szene in *Die kahle Sängerin* entspricht - auch wenn hier die Personen im Gegensatz zur ersten Szene in umgekehrten Positionen miteinander agieren - wie bei Charms´ *Elizaveta Bam* der Ausgangsszene:

"Die Martins sitzen an der gleichen Stelle wie die Smiths zu Beginn des Stückes. Das Ganze fängt von vorne an, die gleichen Sätze werden gesprochen, während der Vorhang langsam fällt."[128]

Durch das Fehlen des Kausalzusammenhanges ist nichts in den Stücken vorhersehbar. Jedes Ereignis kann beliebig eintreten. Von daher sind die Reaktionen der Figuren auf die entsprechenden Ereignisse in beiden Stücken häufig inadäquat. So lösen bedeutende Feststellungen oder Vorfälle, die normalerweise Erstaunen hervorrufen, bei den Gesprächspartnern keine Reaktion aus. Jaccard führt hierzu ein Beispiel aus Ionescos Stück an. Hier erklärt der Feuerwehrmann dass er "in genau drei viertel Stunden sechzehn Minuten"[129] einen Brand zu löschen habe, was seine Kommunikationspartner jedoch in keiner Weise beeindruckt. Umgekehrt rufen Belanglosigkeiten höchstes Erstaunen hervor, wie beispielsweise der Kauf von Äpfeln in *Elizaveta Bam*:

"Ivan Ivanovitsch: Gestern habe ich Kolja getroffen.
Mamascha: Aber nei-ei-ei-ei-ei
Ivan Ivanovitsch: Doch, doch. Ich habe ihn getroffen. Ich sehe, da kommt Kolja und hat Äpfel in der Hand. Was, sage ich, hast du die gekauft? Ja, sagt er, gekauft. Dann ist er weitergegangen.
Papascha: Sagen Sie doooooo...
Ivan Ivanovitsch: Hmja. Ich frage ihn: was ist, hast du die Äpfel gekauft oder geklaut? Gekauft. Dann ist er weitergegangen.
Mamascha: Und wo ist er hingegangen?

---

[127] Ionesco zitiert aus Jaccard, S. 471
[128] Ionesco zitiert aus Jaccard, S. 471
[129] Ionesco zitiert aus Jaccard, S. 471

Ivan Ivanovitsch: Ich weiß es nicht. Er hat nur gesagt: ich habe die Äpfel gekauft, nicht geklaut, und ist weitergegangen."[130]

Eine ähnliche Szene findet Jaccard in *Die kahle Sängerin*. Hier rief die Figur Mrs. Martin bei den Umstehenden größte Aufmerksamkeit hervor, indem sie von einem "gutgekleideten Herrn von etwa fünfzig Jahren", berichtete und davon, das sie sah, wie er seine Schnürsenkel band:

"Mr. Martin: (...) Was tat dieser Herr?
Mrs. Martin: Also, ihr werdet sagen, daß ich erfinde: Er hatte ein Knie auf den Boden gestützt und beugte sich vor.
Alle: Oh!
Mrs. Martin: Ja, er beugte sich vor.
Mr. Smith: Unerhört!
Mrs. Martin: Ja ... Ich trat näher, um zu sehen, was er tat ...
Mr. Smith: Und?
Mrs. Martin: Er band seine Schuhriemen, die sich gelöst hatten.
Alle: Phantastisch!
Mr. Smith: Das würde ich sonst niemanden glauben.
Mr. Martin: Wieso nicht? Man sieht noch weit ungewöhnlichere Dinge, wenn man durch die Stadt geht. So sah ich heute zum Beispiel einen Mann in der Untergrundbahn, der ruhig seine Zeitung las.
Mrs. Smith: Was für ein Kauz!
Mr. Smith: Vielleicht war es derselbe!"[131]

Ein weiteres Postulat, um Kommunikation zu ermöglichen, ist das "des gemeinsamen Wissens und (...) der Fähigkeit, vorauszusehen"[132], was heißt, dass "eine gewisse Anzahl gemeinsamer Elemente im Gedächtnis eines jeden Gesprächspartners vorhanden sein"[133] müssen. Dies bildet die Ausgangsbasis in einer Konversation, damit in diese neue Elemente hinzugefügt werden können - was wiederum die Voraussetzung bildet, den Rahmen der Kommunikation zu erweitern. Denn wenn ein gemeinsames Wissen nicht vorhanden wäre, müsste, damit überhaupt eine Konversation möglich wird, der Kontext jeder Aussage genauestens formuliert und erklärt werden. Die Informativität der Aussage würde damit allerdings lahmgelegt werden. Der Zusammenhang dieses Postulats mit dem Postulat der Determiniertheit erklärt Jaccard anhand der Feststellung von Revzin. Dieser meint, dass "das Wissen im allgemeinen eine Ansammlung von Ereignissen ist, mit deren Hilfe die Wirkung jeder Ursache

---

[130] Charms zitiert in Jaccard, S. 472
[131] zitiert aus Jaccard, S. 472
[132] Jaccard, S. 473
[133] Ebd. S. 473

nachvollziehbar ist. So wie die Welt der Determiniertheit ohne ein Wissen, welches Kausalzusammenhänge festsetzt, undenkbar ist, so schließt die Welt der Inderterminiertheit ein gemeinsames Wissen aus".[134]

Im zuletzt zitierten Dialog aus *Elizaveta Bam* taucht der erwähnte Kolja das erste Mal auf, obwohl ihn die Kommunikationspartner Ivan Ivanovitsch, Papascha und Mamascha nicht kennen. Zumindest lässt sich aus dem Vorangegangenen keine Verbindung zu einer Bekanntschaft mit Kolja schließen, da sich, so Jaccard, Elizavetas Eltern und die Eltern von Ivan Ivanovitsch ebenso wenig vorher kannten.

In Ionescos *Die kahle Sängerin* muss das gemeinsame Wissen ihres Ehebundes von Mr. und Mrs. Martin erst Stück für Stück rekonstruiert werden. Der Kausalzusammenhang muss hier erst wieder hergestellt werden, um Kommunikation zu ermöglichen:

"Mr. Martin: Meine Wohnung ist im fünften Stock und trägt die Nr. 8, chére Madame!
Mrs. Martin: Wie ist das seltsam, mein Gott! Wie sonderbar! Welch ein Zusammenspiel! Ich wohne ebenfalls im fünften Stock in der Wohnung Nr. 8, cher Monsieur!
(...)
Mr. Martin: In diesem Fall, chére Madame, steht es außer Zweifel: Wir haben uns bereits gesehen, und Sie sind meine eigene Gattin ... Elizabeta, ich habe dich wieder!"[135]

Wie sich die Erinnerung einer Verwandtschaft bei Ionesco wiederherstellt, so geht diese Erinnerung in Charms Stück bei der Mutter von Elizaveta, Mamascha, allmählich verloren:

„Mamascha (kommt herein): Genossen, meinen Sohn hat sie totgemacht, die Schlampe.
Stimmen: Welche? Welche?
(Hinter den Kulissen schauen zwei Köpfe hervor.)
Mamascha: Na die da, mit den Lippen da." (zitiert aus Jaccard, S. 474)
Dieser Gedächtnisverlust geht einher mit einer geistigen Umnachtung von Mamascha, die soweit reicht, dass ihre letzte Antwort schon nicht mehr innerhalb der sprachlichen Ebene erfolgt: "3x27= 81".[136]

Jaccard spricht hier von einer Kommunikationsauflösung. Das Fehlen des gemeinsamen Wissens impliziert die Unmöglichkeit, etwas vorauszuahnen. Ursache und Wirkung stehen in keinem Zusammenhang mehr und sind demzufolge nicht voraussehbar. So wie der Feuerwehrmann bei Ionesco seine Brände vorauszusehen

---

[134] Revzin in Jaccard, S. 473
[135] Ionesco in Jaccard, S. 473/474
[136] Charms in Jaccard, S. 474

vermag (vgl. oben), was ihm nur aufgrund der Verletzung des Postulates der Determiniertheit und des gemeinsamen Wissens möglich ist, wird dieses Postulat bei Charms gleichfalls verletzt.

Durch die im Theater des Absurden häufig angewandten Verfahrensweisen der Tautologie oder der einfachen Wiederholung wird ein weiteres Postulat, das Postulat der Informativität, gleichermaßen missachtet. Dieses Postulat verlangt die Lieferung einer neuen Information von jeder Aussage. Eine Missachtung dieser Kommunikationsregel macht ganz willkürliche, beliebige Satzfolgen möglich. Dieses Verfahren wird bei Charms gleichermaßen angewandt wie bei Ionesco:

"Ivan Ivanovitsch: Wo ist sie, wo, wo, wo?
Petr Nikoleavitsch (stürzt herein): Elizaveta Bam! Elizaveta Bam! Elizaveta Bam!
Petr Nikoleavitsch: Da, da, da ...
Ivan Ivanovitsch: Dort, dort, dort."[137]

"Alle: Es ist nicht dort, es ist da, es ist nicht dort, es ist da, es ist nicht dort, es ist da, es ist nicht dort, es ist da, es ist nicht dort, es ist da, es ist nicht dort, es ist da, es ist nicht dort, es ist da, es ist nicht dort, es ist da!"[138]

Wie durch die Verwendung von Tautologien wird das Postulat der Informativität gleichermaßen durch die Verwendung von semantisch widersinnigen Gemeinplätzen, der Beschreibung von Selbstverständlichkeiten (wie die ausführliche Darlegung dessen, was man gerade tut) oder die abgewandelte Benutzung von Sprichwörtern unterlaufen.

Dadurch formulieren die Figuren ihre Wörter und Sätze ohne Zusammenhang mit den vorherigen Aussagen und isolieren sich damit von ihren Partnern. Ionesco baut auf diesem Prinzip die gesamte XI. Szene auf:

"Mrs. Martin: Ich kann ein Taschenmesser kaufen für meinen Bruder, ihr könnt Irland nicht kaufen für euren Großvater.
Mr. Smith: Man geht auf den Füßen, aber man wärmt sich mit Kohle oder Elektrizität.
Mr. Martin: Wer heute ein Ei kauft, hat morgen zwei.
Mrs. Smith: Man muß im Leben durchs Fenster schauen.
Mrs. Martin: Man kann auf dem Stuhl sitzen, auch wenn der Stuhl keine hat.
Mr. Smith: Man soll immer an alles denken.
Mr. Martin: Die Decke ist oben, der Boden ist unten.
Mrs. Smith: Wenn ich ja sage, so meine ich das nur so.
Mrs. Martin: Jedem sein Schicksal."[139]

---

[137] Charms zitiert aus Jaccard, S. 475
[138] Ionesco zitiert in Jaccard S. 474
[139] Ionesco in Jaccard, S. 475

Diese Art Dialog wird bei Ionesco mehrere Seiten lang geführt. Ähnlich - wenn auch nicht so ausgedehnt- findet sich diese Dialogführung bei Charms:

„Papascha: Kopernikus war ein großer Gelehrter:
Ivan Ivanovitsch (wälzt sich am Boden): Ich habe Haare auf dem Kopf.
Petr Nikolaevitsch und Elizaveta Bam: Ha-ha-ha-ha-ha-ha-ha-ha-ha.
(Mamascha kommt auf die Bühne)
Elizaveta Bam: Oh, ich kann nicht mehr.
Papascha (geht ab): Wenn du einen Vogel fängst, schau nach, ob er Zähne hat. Wenn er Zähne hat, dann ist er kein Vogel."[140]

Ein weiteres Verfahren ist der Wortzerfall (Beispiele bei Charms siehe Analyse von *Elizaveta Bam,* speziell Abschnitt Sprache weiter oben), der bei beiden Autoren solche Ausmaße annimmt, dass die Figuren nur noch Laute von sich geben:

"Mrs. Martin: Pazard, Palzac, Pazaine.
Mr. Martin: Bizarr, Bethlehem, Bad.
Mrs. Smith: A, e, i, o, u! A, e, i, o, u! A, e, I o, u! i!
Mr. Smith: B, c, d, f, g, h, k, l, m, n, p, q, r, s, t, v, w, x, z!"[141]

"Elizaveta Bam: Ku-ni-na-ga-ni-li-wa-ni-bauuu"[142]

Diese Kommunikationsauflösung wird sogar noch im gleichen Stück von Elizaveta betont:

"Hurra! Ich habe nichts gesagt!"[143]

Das Postulat der Identität - was die Bezugnahme eines Signifikanten oder Wortes auf den gleichen Referenten verlangt - als weitere Regel für normale Kommunikation wird im Theater des Absurden ebenso nicht beachtet.

So bezeichnet in *Die kahle Sängerin* ein Signifikant gleich mehrere Referenten:

„Mr. Smith: [...] Der arme Bobby! Er war schon vier Jahre tot und immer noch warm. Ein wahrer lebender Leichnam. Und wie fröhlich er war!
Mrs. Smith: Die arme Bobby!
Mr. Smith: Du willst doch sagen: *der* arme Bobby.
Mrs. Smith: Nein, ich denke an seine Frau. Sie hieß wie er: Bobby Watson."[144]

Der darauffolgende Dialog zeigt eine gänzliche Auflösung der Kommunikation.

---

[140] Charms in Jaccard, S. 475
[141] Ionesco in Jaccard, S. 476
[142] Charms in Jaccard, S. 476
[143] Charms in Jaccard, S. 477
[144] Ionesco in Jaccard, S. 477

In *Elizaveta Bam* findet dieser Ablauf umgekehrt statt. Ivan Ivanovitsch gibt hier der Protagonistin mehrere Nachnamen:

"Ivan Ivanovitsch: Wenn Sie gestatten, Elizaveta Kakerlakovna, so gehe ich jetzt nach Hause. Zu Hause erwartet mich meine Frau. Sie hat viele Kinder, Elizaveta Kakerlakovna. Verzeihen Sie, daß ich Sie belästigt habe. Vergessen Sie mich nicht. Ich bin eben ein Mensch, der von allen gejagt wird. Fragt sich nur, weshalb. Habe ich gestohlen, Nein. Elizaveta Éduardovna, ich bin ein ehrbarer Mensch. Ich habe zu Hause eine Frau. Meine Frau hat viele Kinder. Gute Kinder. Jedes von ihnen hält eine Streichholzschachtel zwischen den Zähnen. Sie werden mir verzeihen. Ich, Elizaveta Michajlovna, gehe jetzt nach Hause."[145]

Nach diesem Zitat weist Jaccard darauf hin, dass es sich hier im Verhältnis zum oben zitierten Dialog von Ionesco, um eine andere Situation handelt. Die Protagonistin weiß, dass trotz der verschiedenen Nachnamen stets sie selbst damit gemeint ist. Allerdings entsprechen hier Wort und Namen nicht dem, was sie zu bezeichnen versuchen.[146]

Im Theater des Absurden wird eine weitere Kommunikationsregel verletzt, nämlich jene, die verlangt, dass Wort und Tat miteinander übereinstimmen: das Postulat der Authentizität. Dieses Postulat erweitert im gewissen Sinne jenes der Identität. Auch hier muss die Aussage der Realität entsprechen. So muss der Sprecher sein erklärtes Vorhaben auch in die Tat umsetzen oder es muss (andersherum) davon auszugehen sein, dass der Sprecher die Handlung, von der er berichtet, auch tatsächlich ausgeführt hat.

Die Missachtung dieses Postulats zeigt sich am Feuerwehrhauptmann in *Die kahle Sängerin*, der sagt: "Ich will gerne meinen Helm abnehmen, doch zum Sitzen habe ich keine Zeit".[147] Kurz darauf setzt er sich hin, ohne dabei seinen Helm abzunehmen. Ein weiteres Beispiel hierfür findet sich in der Ankunft der Martins:

"*Mrs. und Mr. Smith kommen von rechts, ohne die Kleider gewechselt zu haben.*
Mrs. Smith: Guten Abend meine Freunde! Verzeiht, dass wir euch so lange haben warten lassen. Wir haben gedacht, dass wir euch die Ehre erteilen müssen, die euch gebührt, und als wir vernommen haben, dass ihr uns das Vergnügen bereiten möchtet, uns unangemeldet zu besuchen, zogen wir schleunigst unsere Galakleider an."[148]

---

[145] Charms in Jaccard. S. 478
[146] Nach Jaccard wesentlich für das Theater des Absurden: "und einmal mehr das Versagen der menschlichen Sprache betont. Eine Sprache, die eine verfälschte Beziehung zur Wirklichkeit hat.". (Jaccard, S. 478)
[147] Ionesco in Jaccard S. 478
[148] Ionesco in Jaccard S. 479

In Charms´ Stück fragt Ivan Ivanovitsch in Anwesenheit von Petr Nikolaevitsch die Protagonistin Elizaveta:

"Denk nach, warum hast du Petr Nikolaevitsch umgebracht?"

Eine Wiederholung dieser Episode findet sich im vorletzten Stück des Dramas. Hier fragt die "1.Stimme", von Petr Nikolaevitsch verkörpert:

"Sie sind angeklagt des Mordes an Petr Nikolaevitsch."[149]

Zur Unterstreichung der These, dass es sich beim Theater von Charms um Theater des Absurden handelt, erinnert Jaccard an das Ende von Becketts *Warten auf Godot.* Beckett verfährt hier nach dem gleichen Prinzip:

"Wladimir: Also? Wie gehen?
Estragon: Gehen wir!
Sie gehen nicht von der Stelle."[150]

Jaccard sieht in diesen Aussagen ein weiteres Versagen der Kommunikation, das "die Immobilität des Subjekts nach sich zieht. Und Immobilität bedeutet Tod."[151]

Mit dieser letztgenannten Regel geht Jaccard kurz auf die normierten Verhaltensbereiche ein. Diese beinhalten die notwendige Unterwerfung der Haltung und des Tonfalls an festgelegte Zwänge, die er an "einem gewissen sozialen Code" und am Aussageinhalt festmacht. Diese Regel wird in beiden Stücken mehrfach gebrochen. So maßt sich beispielsweise in Ionescos Stück das Dienstmädchen Mary an, die von den Smiths eingeladenen Gäste zurechtzuweisen, was ihre soziale Stellung normalerweise nicht erlauben würde. Bei Charms wechseln Ivan Ivanovitsch und Petr Nikolaevitsch mehrmals unvermittelt ihre Haltung und ihren Tonfall. Von der aufrechten Haltung wechseln sie zum Beispiel im dritten Stück in eine Hockhaltung und krabbeln auf allen Vieren herum, während Elizaveta ihnen dabei Instruktionen erteilt.

Kommunikation wird weiterhin zerstört, wenn das von einer Person Gesagte von deren Kommunikationspartner wiederholt wird. Werden somit Aussagen nicht auf "Allgemeinbekanntes" reduziert (Postulat der Vermeidung von Redundanz (Reduktion)),

---

[149] Charms in J. S. 479
[150] Beckett in J. S. 479
[151] Jaccard, S. 479

kommt der Informationsfluss ins Stocken und letztlich zum Stillstand. Diese, ebenso für das Theater des Absurden kennzeichnende Regelverletzung findet sich in beiden Stücken wieder:

"Mary (*kommt herein*): Ich bin das Dienstmädchen. Ich habe einen sehr angenehmen Nachmittag verbracht. Ich war im Kino mit einem Mann und sah einen Film mit Frauen. Nach dem Kino haben wir Schnaps und Milch getrunken, dann haben wir die Zeitung gelesen.
Mrs. Smith: Ich hoffe, Sie haben einen sehr angenehmen Nachmittag verbracht, daß Sie im Kino waren mit einem Mann und daß Sie Schnaps und Milch getrunken haben.
Mr. Smith: Und die Zeitung!"[152]

Die beinahe wortwörtliche Wiederholung von Mrs. Smith enthält keine neuen Informationen. Damit wird eine mögliche Kommunikation vermieden. Die Ergänzung von Mr. Smith, die sein Bemühen, die Wirklichkeit getreu zu rekonstruieren, anzeigt, wirkt laut Jaccard mehr komisch, denn die Anstrengungen der Figuren des Theaters des Absurden, die Wirklichkeit als Gesamtes zu erfassen, sind immer schon von vornherein zum Scheitern verurteilt. Schon Marys erster Satz, in dem sie erklärt wer sie ist, scheint überflüssig, ja absurd.

Absurd und überflüssig wirken auch die Kommentare zur eigenen Handlung von Papascha, während seines todernsten Kampfes mit Petr Nikoleavitsch.

"Papascha: Ich stoße gerade zu und quer,
es rette sich wer kann!
(Er greift an)
Der Kampf geht an,
und wer nicht ausweicht, fall!
Schon rauschen Wälder ringsumher,
schon blühen Gärten überall."[153]
Auf dieses unnötige Kommentieren weist ihn sein Gegner aber hin:

"Petr Nikolaevitsch: Schau weniger zur Seite
und acht auf die Bewegungen
der eisernen Zentren und Verdichtung
der tödlichen Kräfte."[154]

---

[152] Ionesco in Jaccard, S. 480
[153] Charms in Jaccard, S. 481
Das Beispiel, das Jaccard von Charms anführt, könnte ebenso gut als Beispiel für das Verfahren der Anwendung von *Selbstverständlichkeiten* (siehe weiter oben) benutzt werden. Mit diesem Verfahren wird das Postulat der Informativität missachtet. Nicht zuletzt zeigt die Möglichkeit der Anwendung gleicher Beispiele für unterschiedliche Postulate deren enge Verknüpfung miteinander. Die Missachtung eines Postulats hat häufig die automatische Brechung einer anderen Kommunikationsregel zur Folge. Da die Unterschiede der verschiedenen Postulate zum Teil sehr geringfügig sind, scheinen sich die Beispiele für die sprachlichen Verfahren häufig zu gleichen. Jaccard geht auf den Zusammenhang der Postulate nur beiläufig ein.

Beispiele für die Verletzung des Postulats der semantischen Restriktion, welches besagt, dass eine Kongruenz der Wörter und Wortgruppen gewährleistet sein muss, um eine Sinnhaftigkeit der Aussage zu erreichen (somit nicht jedes Wort mit beliebigen anderen Wörtern in Verbindung gebracht werden kann), sind in beiden Stücken mehrfach zu finden. Ivans Satz aus Charms ist hier nur ein Beispiel:

"Ivan Ivanovitsch: Helft mit, helft mir schnell. / Über mir Salat und Wasser."[155]

Nach diesen aufgezeigten Analogien - die vorwiegend in den sprachlichen Verfahren zu finden sind und zusammenfassend eine Auflösung der Kommunikation bewirken - bemerkt Jaccard, dass beide Stücke auch zahlreiche grundlegende Unterschiede aufweisen. Einer dieser Unterschiede sieht er im Kern der Handlung. Wo es in *Die kahle Sängerin* keinen Handlungskern gibt, geht es in *Elizaveta Bam* um das Thema der Verhaftung. Diesen Unterschied stuft er allerdings als nicht wesentlich ein, da das Zentralmotiv bei Ionesco und Charms in der Unfähigkeit der Sprache, die Welt auszudrücken, liegt. Beide parodieren das Kunst-Theater und darüber hinaus die Belanglosigkeiten der Alltagskommunikation. Damit wenden sich beide gegen den ideologischen Diskurs und enthüllen zudem seine Mechanismen. Aus der Anwendung dieser Verfahrensweise schließt Jaccard, dass beide Autoren "mehr oder weniger dieselbe Haltung der Umwelt gegenüber haben. Beide empfinden die Last der Ideologie als qualvoll und dies - unabhängig von ihrem Gedankengut - weil sie eine Linie darstellt."[156]

Während die Bemühungen des Regimes der damaligen Sowjetunion darauf zielten, verbindliche, ideologiegetreue Richtlinien für alle Sparten des bürgerlichen Lebens wie Kunst, Wissenschaft und Alltagshandeln festzulegen, existiert für Charms nur jene Richtlinie, die erstens, so Jaccard, vom Beginn des Lebens bis zu dessen Ende führt, die zweitens, die Unmöglichkeit, mittels Sprache die Welt zu erfassen, postuliert, und die drittens die der Manipulierbarkeit der Sprache beinhaltet. Nur in der Abweichung dieser Richtlinie, so meint Jaccard Charms richtig verstanden zu haben, besteht einzig die Aussicht auf Rettung. Was, wer, und wovor gerettet werden soll, darauf geht

---

[154] Charms in Jaccard, S. 481
[155] Charms in Jaccard, S. 482
[156] Jaccard, S. 483

Jaccard jedoch nicht ein. Seine Aussage schließt er aus den folgenden Überlegungen von Charms aus seinem Notizbuch:

"4. Alles Irdische zeugt vom Tod.
5. Es gibt nur eine Linie, auf der alles Irdische liegt. Und nur, was nicht auf dieser Linie liegt, kann von der Unsterblichkeit zeugen.
6. Und deshalb sucht der Mensch nach einer Abweichung von dieser irdischen Linie und bezeichnet diese Abweichung als das Schöne oder das Geniale."[157]

Obwohl Ionescos Situation eine ganz andere ist und "Seine Einstellung der Ideologie gegenüber (...) viel bewußter, also politischer (ist)", bildet jedoch Ionescos Basis "dieselbe Absage an die Linie, wovon alle sein Essays, Artikel, Notizen usw. Zeugnis ablegen."[158]

Das Absurde im Sinne von Camus, das im Verhältnis des Menschen, der fragt und der Welt, die schweigt, liegt, ist der Ausgangspunkt beider Schriftsteller. So wie in Ionescos *Die Nashörner* der Protagonist Behringer von einer Horde wild gewordener Kreaturen (Nashörnern) gejagt wird, weil "es eine anormale Sache ist zu leben"[159], so wird Elizaveta aus unerfindlichen Gründen verfolgt. Und für beide bietet die Welt keine Fluchtmöglichkeiten:

"Behringer: [...] Eine ganze Horde davon ist auf der Straße! Eine Nashornarmee, sie stürmen die Straße hinab, immer weiter runter... (er schaut nach allen Seiten) Wie da raus? Wie da raus? Wie da raus?... Wenn sie sich wenigstens mit der Straße begnügten. Sie brechen über die Bürgersteige her! Wie da raus? Wohin? (Außer sich rennt er zu allen Türen und ans Fenster. Währenddessen wankt die Badezimmertüre immer noch, und man hört Hans schnauben und unverständliche Flüche ausstoßen.)"[160]

"Elizaveta Bam: Sie kommen bestimmt, um mich zu fangen und vom Erdboden zu vertilgen. Fliehen. Ich muss fliehen. Aber fliehen wohin. Diese Tür führt auf die Treppe, und auf der Treppe begegne ich ihnen. Durchs Fenster - schaut zum Fenster hinaus - Hu-u-u. Da kann ich nicht runterspringen."[161]

---

[157] Charms, 1992, S. 83
[158] Jaccard, 1989, S. 484
[159] Ionesco in Jaccard, S. 484
[160] Ionesco in Jaccard, S. 484/485
[161] Charms in Jaccard, S. 485
In der vorwiegend späteren Prosa von Charms tauchen Motive wie das der Verhaftung und ebenso Ordnungshüter wie Hausmeister, Milizionäre oder Männer in schwarzen Mänteln auf. Dies ist als Abbild der tatsächlichen Situation in der damaligen Sowjetunion zu begreifen. Auf tragische Weise ist das Motiv der Verhaftung in Elizaveta Bam ein Vorbote für Charms eigene Situation.

Elizaveta Bam, übertragen "auf die Gesamtheit der psychologischen Situation" in der damaligen Sowjetunion, lässt als "Abbild einer Desillusionierung", sowohl ideologisch, als auch in künstlerischer Hinsicht verstehen.

Nicht zuletzt zeugen die Aufzeichnungen von Charms und Ionesco davon, dass ihrem Werk eine metaphysische Angst zugrunde liegt.

In Charms´ Abbild der Desillusionierung liegt für Jaccard der Hauptunterschied zu seinen Vorläufern. So wendeten die Vertreter des russischen Futurismus zwar gleiche Verfahren an, die einhergingen mit der Auflösung der Sprache, aber sie verbanden damit die Hoffnung auf die Erschaffung einer neuen Sprache, welche die Wirklichkeit zu erfassen vermochte. Dahingegen geht bei Charms "die Auflösung der Sprache mit der Feststellung einher, dass sich die Welt auflöse."[162]

Laut Jaccard ging es Charms im Gegensatz zur Kunst des russischen Futurismus nicht darum, die Welt zu erfassen und als ein "Gelobtes Land" neu zu schaffen, sondern um "reale Kunst" (wie aus der Bezeichnung Oberiu, hervorgeht, siehe oben), was heißt, die Wirklichkeit "als eine (Welt) der Indeterminiertheit" abzubilden. Aus dieser Überlegung heraus und im Kontext der damaligen Epoche betrachtet, kommt Jaccard schließlich zu der Gleichung, das reales Theater demzufolge Theater des Absurden ist.[163]

Zusammenfassung

Das Theater des Absurden und das Oberiu-Drama[164] entwarfen ein Theater der Situation, bei dem statt eines Handlungsablaufes eine Zustandsbeschreibung, ein Daseinsgefühl gezeigt wird. Dabei griffen sie uralte Theatertraditionen wieder auf. Martin Esslin fasst diese in folgende Rubriken:

"Reines Theater, d.h. abstrakte szenische Effekte, wie man sie im Zirkus oder in der Revue findet, in den Darbietungen von Gauklern, Akrobaten, Stierkämpfern und Mimen.
Clowns- und Narrenpossen, Wahnsinnsszenen.
Verbaler Nonsens.

---

[162] Jaccard. S. 485
Dagegen spricht jedoch das Anliegen Charms und der Oberiu, das darin lag, eine neue poetische Sprache zu schaffen, die die ´Welt der konkreten Gegenstände´ zeigt. Diese geht aus dem Manifest Oberiu hervor. Auch ist aus keiner der Schriften von und über Charms eindeutig zu entnehmen, dass es ihm in seinem Stück darum ging, die Zusammenhanglosigkeit der Welt zu beschreiben, sondern lediglich reine theatrale Momente zu kreieren. In dem Manifest hieß es dazu: „(...) wenn ein Schauspieler, der einen russischen Bauern darstellt, plötzlich eine lange Rede auf lateinisch hält, dann ist das Theater, (...) selbst wenn das mit dem dramatischen Sujet nicht das geringste zu tun hat. (...) Erst das wird ein Sujet, das einzig und allein das Theater zu leisten imstande ist." aus Charms, 1997, S. 213
[163] Vgl. Jaccard, S. 486
[164] Wenn im folgenden von Oberiu-Theater die Rede ist, dann sind darunter nicht nur die Stücke von Charms, sondern auch die von Vvedenskij gemeint

Literatur des Traums und der Phantasie, die oft eine starke allegorische Komponente hat."[165]

Das Element des reinen Theaters ist dabei jedoch mehr als Ausdruck einer antiliterarischen Einstellung zu verstehen, d.h. als Ausdruck der für die literarischen Avantgarde kennzeichnenden Ablehnung der Sprache als Ausdrucksmittel für tiefsinnige Bedeutungsgehalte, und weniger als ein Versuch, Theater in seiner Ursprungsform zu rekonstruieren.[166]

Trotz aller Analogien, sieht Müller-Scholle in dem Terminus >absurd<, "kein Synonym (des Oberiu-Theaters, L.S.) für die Geisteshaltung des westlichen absurden Theaters."[167]

Während beispielsweise in Becketts oder Ionescos Stücken elementare Menschheitserfahrungen in Szene gesetzt werden, wie existenzielle Leere und metaphysische Angst, geht es, so Müller-Scholle, dem Oberiu-Theater darum, konkrete Gegenwartsprobleme darzustellen. Die Dramen der Oberiuten sieht Müller-Scholle als Parabeln der literarischen Misere in der damaligen Sowjetunion. Das Drama *Elizaveta Bam* wird hier zu einer "brillanten Allegorie auf die Nöte nichtkonformer Kunst."[168]

Die Oberiu-Dramen sind, wie das Theater des Absurden, Spiegelbilder von Träumen.[169]

---

[165] Esslin, 1996, S. 251
Esslin weist danach darauf hin, dass sich diese Rubriken teilweise gegenseitig durchdringen und nicht scharf voneinander abgrenzen. So können Clownspossen ebenso verbalen Nonsens und/oder rein abstrakt szenische Effekte enthalten.
[166] So wie es Meyerhold (einer der großen russischen Theaterreformer des 20. Jahrhunderts) in seinem Aufsatz *Rekonstruktion des Theaters* forderte. Hier propagierte er ein massenwirksames Theater und wendete sich gegen ein Theater, das nur zu Agitationsszwecken benutzt wird. Vgl. Meyerhold, Vsevolod, *Rekonstruktion des Theaters* in: *Theaterarbeit 1917-1930*, Hrsg. von Rosemarie Tietze, Hanser Verlag, München, 1974
[167] Müller-Scholle, 1992, S. 134
[168] Müller-Scholle, 1992, S. 135
[169] Für Müller-Scholle ist *Elizaveta Bam* ein Monodrama, das an die von Jewrejnows eingeführte Dramenform anknüpft. So ist der Bühnenraum die Emanation des seelischen und geistigen Zustands der Protagonistin sowie alle auftretenden Figuren nichts weiter als das Produkt der Phantasiewelt von Elizaveta. Das wird, so Müller-Scholle, im siebten Bild deutlich, als Ivan Ivanovitsch, auf Elizeveta zeigend, alle antworten: "Wie ich." Auch die Verwandlungen und Verdopplungen der Figuren, die Nichtunterscheidung von Belebtem und Unbelebtem, die Bewegung von Gegenständen und die vorherrschende Alogik und Tabulosigkeit sind Ausdruck des träumenden Bewusstseins der Protagonistin. Dieses wiederum beschreibt Müller-Scholle als einen schwachen, furchtsamen Charakter, der sich "im Würgegriff der Macht" befindet. Die Ausweglosigkeit ihrer Situation verdrängt Elizaveta dabei "in einer Fluchtphantasie, die Bedrohliches zu verharmlosen trachtet." (Müller-Scholle, 1992, S. 137) So erklärt sie bsw. die abrupte Veränderung der bedrohlichen Ausgangssituation in eine Clownsposse und die Flucht Elizavetas in die Rolle eines verantwortungsfreien Kindes.

In allen Stücken ist der "Mythos des Todes" in unterschiedlicher Art und Weise ständig gegenwärtig.[170] Es werden immer wieder Angstvorstellungen projiziert, auch wenn die Auslöser hier, im Verhältnis zum Theater des Absurden, auf unterschiedliche Faktoren zurückgehen.

„Die Komödie der Stadt Petersburg"

Auch in Charms´ *Die Komödie der Stadt Petersburg* ist die Sprache wie im westlichen Theater des Absurden abgewertet, wenn auch nicht so konsequent wie in *Elizaveta Bam*. Ebenso wird auch in dieser Komödie Bodenlosigkeit der Weltsicht[171] deutlich. So wird zur Ermordung der Figur Krügers Folgendes kommentiert: "Er liegt da und seufzt nicht / er schnaubt auch und ist fröhlich. / Am Himmel erlischt eine Lampe / die Leningrad erleuchtet."[172] Kennzeichnend für absurdes Theater kommt es hier trotz Tod, Mord, Grausamkeit und Zerstörung zu keiner Tragik oder Seelenerschütterung. Der Tod als tragisches Moment verliert seine Bedeutung.

Charms schreibt dieses Stück, als die ehemalige Metropole des russischen Zaren längst zu Leningrad umbenannt worden ist. In seinem Stück rückt er den vergangenen Mythos als das "bleiche Petersburg", und die "bodenlose Stadt" in den Blick[173] und macht den politischen Untergang des ehemaligen Petersburg zur Metapher für die Situation der russischen Dichtung.

Müller-Scholle deutet *Die Komödie der Stadt Petersburg* als eine Parodie auf die vergangenen Zeiten, die sich als eine "entmythologisierte Welt" offenbaren. In diesem

---

[170] Laut Müller-Scholle ist *Elizaveta Bam* von Todesmetaphorik durchdrungen. So hält sogar eine Küchenschabe ein Beil in den Händen, so wie dies zuvor Petr Nikolaevitsch tat. Dabei trägt sie ein Hemd mit einem roten Kragen und verweist, so Müller-Scholle, auf die Streichhölzer und den Feuerwehranzug von Ivan Ivanovitsch. "Die Schabe (tarakan) taucht auch als Bildungselement in einem der wechselnden Vatersnamen der Heldin auf: Jelisaweta Tarakanowna ist ergo gleichbedeutend mit "Tochter des Todes". Auf ihren Familiennamen wird im onomatopoetologischen "Bim-Bam" der Totenglocke hingedeutet. (200) Neben flüchtigen Andeutungen auf Scheiterhaufen und Guillotine als Endstation von Häresie und Revolution gleitet wiederkehrend die Vision eines Todes durch Erhängen vorüber - verfremdet als Seiltanz im Wipfel der Kiefer. (187, 191, 195) Das unverbundene Nebeneinander von Unschuld und Brutalität charakterisiert alle Vorstellungen vom Tod. Es wirkt irreal und befremdend, weil es - hierin wieder ganz Vorläufer des westlichen absurden Theaters - auf ein Vakuum von Moral und Sinn zeigt." (Müller-Scholle, 1992, S. 139)

[171] Vgl. Müller-Scholle, 1992, S. 148

[172] Charms, 1997, S. 148

[173] Petersburg war für Werke des Klassizismus bis zum Symbolismus immer wieder Objekt für literarische Reflexionen.

Zusammenhang bezeichnet sie Charms` Drama als eine "postapokalyptische Clownerie".[174]

Die Figuren im Stück lassen sich als keine identifizierbaren Charaktere analysieren. In *Die Komödie der Stadt Petersburg* hat jegliche gespenstische Erscheinung und Fantasie ihren Platz. Ebenso durchdringen sich Leben und Tod übergangslos. So ist der Zar Peter im eigentlichen ein "fühlloses Denkmal"[175]; oder es liegt Zar Nikolaus II. mit "eingefallenen Wangen" in seiner Ruhestätte, oder so ist Famusov eine lebendig gewordene Figur aus dem Werk *Verstand schafft Leben* von Gribojedows.

Müller-Scholle bezeichnet die dramatis personae als gesichtslose, irreale Wesen, deren Handlungen keiner Logik unterliegen und deshalb auch nicht nacherzählt werden können. Sie bleiben sowohl sich selbst als auch der Welt der Bühnenillusion fremd, was ihre stereotypen Namensnennungen und Selbstdefinitionen zeigen.[176] Auf rätselhafte Weise verschmelzen die Figuren (im Stück Revolutionäre) Schtschepkin, Obernibesow und Kirill Dawditsch ineinander und offenbaren sich als verschiedene Aspekte ein und derselben Person. Ebenso verschmelzen die Zaren Nikolaus II., Alexander I. und Peter auf surrealistische Weise zu einer Person. So fällt der Krieg gegen Napoleon in die Regierungszeit von Alexander I., obwohl geschichtlich damals Zar Nikolaus II. Krieg gegen Napoleon führte.

Wie schon in *Elizaveta Bam* werden hier alle Bühnenelemente zu Akteuren, ob Tote, Gespenster, ehemalige Zaren oder Gegenstände wie bewegliche Tische. Aber im Gegensatz zu Charms´ späteren Stück sind hier die Figuren nicht Produkt von Willkür, sondern Teufelswerk. So sagt der "Oberteufel" Obernibesow von den dramatischen Figuren: "Was sind das für Menschen? Ich habe sie übereilt geschaffen."[177]

Das Stück spielt an Orten wie Petersburg und Piter sowie Leningrad und "Leterburg"[178], im Parlament und im Himmel. Letztlich, so deutet Müller-Scholle, spielt es im Niemandsland, bzw. "im Kopf". Wie *Elizaveta Bam* kann man es auch als Monodrama deuten, bei dem es wieder um die Darstellung eines Verfolgungswahns geht, wo "überall Bösewichter" vermutet werden. Schauplatz wäre hier das Bewusstsein des Zaren Nikolaus II..

---

[174] Beides Müller-Scholle, S. 141/142
[175] Charms, 1997, S. 12
[176] Vgl. Müller-Scholle, S. 144
[177] Charms, 1997, S. 37

Charms stellt in *Die Komödie der Stadt Petersburg* ein von seinen Wurzeln losgelöstes Russland dar, das sich selbst auf Rudimente seiner Sprache, Geschichte und seines Geistes reduziert. Charms konstruiert hier ein Wahnbild, bei dem selbst der Erlösungsgedanke persifliert wird, in dem alles Teuflische am "dritten Tag" wieder aufersteht.

Charms benutzt in seiner Komödie surrealistische Verfahrensweisen. Gesetze von Raum und Zeit sind aufgehoben. Der Zeitfaktor spielt bei Fortbewegungen wie Fliegen auf Flügeln oder im Flugzeug keine Rolle. Die Zeit wird zum Teil bis zur Endlosigkeit ausgedehnt. Städte wie Petersburg, Kasan oder Moskau erscheinen nur als abstrakte Orte. Zum Teil schweben Dinge und Menschen mitten im Raum. Sinneseindrücke überlagern sich und machen eine eindeutige Interpretation unmöglich. Die collageartig zusammengefügten Bildern erzeugen, so Müller-Scholle, eine Art Traumhaftigkeit, welche den Gesetzen der Alogik folgt. Hier zeigen sich Parallelen zur Dichtungstheorie der Surrealisten, die in ihrem Manifest von 1924 eine Wahrheitsfindung jenseits der Verstandesgrenzen wie Wahn und Traum propagierten. Doch läuft letztlich alles Fantastische auf Reales hinaus. So zeugen die rhetorischen Fragen der Figur Vertunow von Missmut gegenüber den Opfern der Revolution: "Na Famusov? / Die Sache ist geplatzt, wie? / Er hat das Geißlein spielen wollen / hat jede Menge Kreide gefressen / aber die Nägel zu schneiden vergessen."[179] Auch wirken die Worte von Fürst Meschtscherskij konfus und zornig angesichts außer Kontrolle geratener Macht. „Das ist nicht die Heimat / sondern eine Kiste unter Hütern hervor. / Auf der Straße tanzen Mandarine / ins Fenster fliegt ein Bart / ich sehe den Wald, quadratförmige Täler."[180] Ebenso erinnert Charms Dramentext durch seinen Verzicht auf Logik und seiner Abwendung von der Kontrolle durch den Verstand bei gleichzeitiger Hinwendung an die Kräfte des Unbewussten an die vom Franzosen André Breton formulierten Programmpunkte der Surrealisten.

Die *Komödie der Stadt Petersburg* ist in drei Akte gegliedert. Den ersten Akt beginnt Charms gleich mit dem zweiten Teil, und dem dritten Teil des dritten Aktes fügt er willkürlich ein Zwischenspiel ein. Im zweiten Akt teilt sich die Handlung (insofern man davon sprechen kann, da sich im gesamten Stück keine Handlungsentwicklung

---

[178] auch zu deuten als Parodie auf die Umbenennung von Petersburg in Leningrad
[179] Charms, 1997, S.28

nachvollziehen lässt) in zwei Ebenen. Charms lässt die erste Ebene der zweiten folgen, was nicht zuletzt als eine Parodie auf die übliche Dramentechnik zu verstehen ist.

Für Müller-Scholle ist Charms´ Drama ein „Theater des Todes" und zugleich eine Metapher der Revolution. In diesem Zusammenhang erhält *Die Komödie der Stadt Petersburg* eine sinnstiftende Komponente. Am revolutionären Umsturz und deren Folgen entzündet sich, so Müller-Scholle, die Fantasie des Textes.

Alles Zufällige wird in Ritualen des Todes aufgehoben. Versteht man den Symbolgehalt einiger Textpartien in diesem Kontext, so lassen sich scheinbar banale Sätze und Aussagen als sarkastisch deuten, was wiederum die Tragik des Geschehens auf einer scheinbar erleichternden Distanz hält.

Wind und Zugluft als leitmotivische Bestandteile der Dialoge symbolisieren Mord und Gewalt:

"Hier herrscht ein unmöglicher Durchzug. Der Zar wird sich erkälten ... Zar ist dir kalt? ... Nikolaus II. spuckt Blut."[181]

Dann lässt ein Windstoß die Zarin "Purzelbäume schlagen wie eine Puppe", während der Zar "an die Decke" geworfen wird.[182]

Diese Metaphorik hilft, Passagen des Zaren wie: "Sieh die trauernden Harnische / hängen wie kupferne Winde"[183], als Todesahnung zu verstehen. Auch die Passage, in denen die Ungeheuer im Chor singen: "Wir sind die Lieblinge des Durchzugs"[184], lässt sich im Kontext des Symbolgehaltes von Wind und Zugluft als Metapher des Todes deuten.

Mit dem Kunstgriff der tragischen Ironie deutet Charms zu Beginn des ersten Aktes im ersten Auftritt des Zaren Nikolaus II. das tragische Schicksal der Stadt Petersburg an: "Die Zarin / wird mir einen Sohn gebären so stark wie eine Buche."[185]

In Charms´ Stück ist Holz in jeglicher Erscheinungsform Sinnbild von Abgestorbenem. So ist Krüger "wie ein Holzscheit gestorben", so liegt der Zar "gleich einem Klotz" im Bett, und Maria wird von Obernibesow dadurch getötet, dass er ihr im Traum, wo Maria Obernibesow als Schiff erscheint, einen "grauen Mast" von den Schultern schlägt.

---

[180] Charms, 1997, S. 28
[181] Charms, 1997, S. 12
[182] Charms, 1997, S. 13f
[183] Ebd. S. 11
[184] Ebd. S. 45
[185] Ebd, sowie die vier darauffolgenden, S. 11ff

Die Figur Maria verkörpert laut Müller-Scholle das alte Russland. Sie unterliegt den obszönen Verlockungen des "Oberteufels" Obernibesows, der sich als Gott ausgibt: "Gott das bin ich.", sich dann jedoch als der "Gott mit Beil" herausstellt, der "ein Messerchen" in den Leib seiner Geliebten stößt. Das "Messerchen" taucht, für Müller-Scholle leitmotivartig, wieder in der Entführung Marias durch die Piraten (von Müller-Scholle "als Doppelgänger des Teufels und des Fliegenden Holländers[186] gedeutet) auf. "Es kann durchaus als aggressives Sexualsymbol verstanden werden."[187]

Am Schluss folgt Maria Obernibesow, der inzwischen ihr "Bräutigam" geworden ist. Und während sie dem Teufel folgt, singt der kleine Chor das Requiem:

"Es erlischt die Sonne wie eine Kerze im Wind."[188]

Die Komödie der Stadt Petersburg ist eine deutliche Zeitkritik Charms´ an der sich im Auflösungsprozess befindlichen Gesellschaft. Nur in diesem historischen Kontext ist das Drama zu verstehen. Schizophrenie und Realitätsverlust setzt Charms als gesellschaftliche Phänomene in Szene. Im Gegensatz zu Beckett stehen dabei keine menschlichen Archetypen auf der Bühne, sondern monströse Kreaturen als Ausdruck für Erscheinungen der erlebten Gegenwart, wie eine Vogelscheuche oder ein Chor der Ungeheuer.

Zu diesen Kreaturen sagt Famusov:

"Ihr seid ein Nichts, ein Mythos, leerer Wahn / Produkt müßiger Phantasie"[189]

und versucht damit, Unbenennbares auszudrücken.

Die bedrohliche Situation, in der sich Russland kurz nach der Oktoberrevolution befand, wird im lyrischen Abgesang auf das alte Russland, hier symbolisiert durch einen Falken, deutlich:

"Es schlummert der Falke am weißen Himmel / ... die wilden Tiere lassen sich am Fuße des Berges nieder / die Fische schlafen am Ufer."[190]

Nachdem Maria "gleich einem Falken" nicht mehr da ist, kommen wilde Tiere in der dunklen Nacht hervor. Schließlich verlieren "bestialische Tausende" im Strudel der Gewalt ihre Fähigkeit, deutlich zu artikulieren: "Wylju plju na kulu koku."

---

[186] Vgl. Müller-Scholle, 1992, S. 147
[187] Müller-Scholle, 1992, S. 147
[188] Charms,1997, S. 45
[189] Ebd, S. 50

Grausamkeiten werden in der *Komödie der Stadt Petersburg* zum bloßen Zeitvertreib, sie rühren zu keiner Gefühlsregung. Würde wird von Banalitäten abgelöst: "Obernibesow: Mir ist nicht langweilig / nur habe ich niemanden, dem ich eins in die Zähne hauen könnte."[191]

Die Revolution hinterlässt in Charms´ Stück ein Chaos. Sämtliche Anhaltspunkte zur Orientierung, seien es religiöse wie Gott oder künstlerische wie Dichtung, sind zerstört.

So bezeugt die Abkehr vom Transzendentalen Moskaus "willfährige Kirchlein", indessen sich der Oberteufel Obernibesow als Dichter bezeichnet:

"Ich bin ein Dichter".[192]

Die Dichtung wird somit, und gleichsam mit ihr die Gedankenfreiheit, zur Domäne des Staates:

"Ich schlage dich mit deinem Kopf gegen einen Prellstein."[193]

So fürchtete selbst Zar Nikolaus II. seiner "Sprache" und seiner „stählernen Feder" wegen gehängt zu werden. Auch die Piraten und Kidnapper fordern von Maria die Hergabe ihrer "Schreiberseele". Die Ermordung Krügers bedeutet, er habe seinen "letzten Vers" geschrieben. Nach Müller-Scholles Deutung "versucht Charms (parabelhaft) zu zeigen, dass Petersburg in seiner neuen Erscheinungsform als Leningrad zu einer todbringenden Muse geworden ist."[194]

Verfahren

Bei der Gestaltung von Text und Wort benutzt Charms für die Futuristen typische Verfahren der Dissonanz.

Zum Teil im jambischen Versmaß dargeboten, ist die Sprache der Zaren mit Vulgarismen und Trivialitäten durchsetzt:

"Sag wohin spucken alle Zaren?".[195]

Sinnvolle Wechselrede wird ersetzt durch Monologe, die unverbunden aufeinanderprallen. Charms Text ist durchsetzt von Sarkasmus und Ironie. Die von den Futuristen entwickelte transrationale Sprache nutzt er, um die durch die Revolution begangenen Brutalitäten auszudrücken:

---

[190] Ebd. S. 48
[191] Ebd. S. 50
[192] Ebd. S. 32
[193] Ebd. S. 32
[194] Müller-Scholle, 1992, S. 149
[195] Charms, 1997, S. 41

"Ach - yr - rar, rar -rrr."

Charms animiert Dinge wie laufende Kandelaber oder schwankende Federn, um die revolutionäre Unordnung zu illustrieren. Die Verdinglichung des Menschen geht bei Charms einher mit der Sichtbarmachung des Teufels:

"Ich bin der Pferdehuf"[196].

Die von Majakowskij häufig angewandte Methode, Redewendungen zu theatralisieren und wörtlich zu nehmen, verwendet Charms als Satire. So kritisiert der Komsomolze Vertunov Maria, nachdem sie ihre "Seele Gott empfohlen" hat:

"Wieso Gott? ... / Sie können von ihren Vorurteilen nicht lassen".[197]

Futuristische Verfahren der Silbenverschiebung und Wortzerlegung benutzt Charms, um "die Welt des Nonsens-Dialogs pointiert ad absurdum"[198] zu führen:

„Ich habe noch niemals / derartig grüne *Queren* gesehen. / Da geht der junge Hirte über die *Red*."[199]

Weiterhin verwendet Charms Neologismen wie "Letersburg" und demonstriert, so Müller-Scholle, am Sprachmaterial "das Problem der Entwurzelung und Desintegration".[200]

Wie auch *Elizaveta Bam* veranschaulicht *Die Komödie der Stadt Petersburg* stilistisch die Theorie der Oberiu und wird darüber hinaus, durch die Reflexion seiner Mythen und Techniken, zum Zeugnis der künstlerischen und politischen Situation in der damaligen Sowjetunion.[201]

Clownesken

Neben den oben behandelten Stücken schrieb Charms noch zahlreiche Dialoge, Szenen und Kurzstücke, die fast alle im Sammelband *Daniil Charms. Theater* in deutscher Übersetzung von Peter Urban vorliegen.[202] Da diese Dialoge, Szenen und

---

[196] Charms, 1997, S. 33
[197] Ebd. S. 52
[198] Müller-Scholle, 1992, S. 150
[199] Charms, 1997, S. 33
[200] Müller-Scholle, 1992, S. 150
[201] Vgl. hierzu Müller-Scholle, 1992, S. 150
[202] Charms, Daniil. Theater. Verlag der Autoren, Frankfurt a.M., 1997
Für das Theater *Radix* schrieb Charms zusammen mit Vvedenskij noch eine Szenencollage mit dem Titel *Meine Mutter ganz in Stunden*. Das Manuskript hierzu aber ist verschollen.

Kurzstücke sich formal und inhaltlich nicht nennenswert von seinen beiden größeren Stücken abgrenzen, beschränke ich mich hier auf nur wenige Bemerkungen.

Nimmt man folgende Bemerkung Kandinskys über die Dramaturgie der Clowns, dann lassen sich Charms´ Theaterszenen zusammengenommen als Clownesken bezeichnen:

"Clowns bilden ihre Kompositionen auf Grund einer sehr bestimmten Unlogik. Ihre Handlung hat keine bestimmbare Entwicklung, ihr Streben führt nirgendwohin und will es auch nicht. Zugleich jedoch erlebt der Zuschauer diese Impressionen mit totaler Intensität."[203]

Charms hatte eine Vorliebe für Clowns. Vergleicht man seine spielerische Sprache mit dem Spiel des Clowns, dann findet sich u.a. eine Gemeinsamkeit in beider kindlicher, naiver und verspielter Welt. Auch in seinen Kurzstücken fehlt im Aufbau und in der Handlung die formale Logik. So erzählt die Figur Schvelpin in der Szene *Erstaunliche Geschichte*:

„Erstaunliche Geschichte! Ivan Ivanovitsch Niciforovs Frau hat Koablevs Frau gebissen! Wenn Korablevs Frau Ivan Ivanovitsch Nikiforovs Frau gebissen hätte, wäre alles klar! Aber daß Ivan Ivanovitsch Nikiforovs Frau Korablevs gebissen hat, ist wirklich erstaunlich!"[204]

Auf die Bemerkung der Figur Smuchovs hin, dass ihn das kein bisschen erstaunt, endet die Szene mit der Regieanweisung:

„Varvara Semenovna bückt sich und beißt Antonina Antonovna."[205]

Die im Abschnitt *Das Theater des Daniil Charms im Vergleich mit dem Theater des Absurden* behandelten sprachlichen Verfahren finden sich gehäuft in Charms´ Szenen. Oft kämpfen die Figuren miteinander, mitunter auf brutalste Weise. So wird in der Szene *Der Vortrag* die Figur Puschkov bis zur Bewusstlosigkeit geschlagen. In *Christoph Columbus* erzählt eine Frau, dass Christoph Columbus ein Fahrrad in die Köchin hineingerammt hat. Die clownsähnlichen Figuren begegnen sich häufig mit Gemeinheiten. *Der Unterschied zwischen Mann und Frau* beginnt mit dem Vorhaben

---

[203] Zit. Kandinsky nach John Bowlt, 1980, "Vasilii Kandinsky: The Russian Connection," S. 27 in Bowlt, John und Long, Rose-Carol Washton, The Life of Vasilii Kandinsky in Russian Art, Newtonville, S. 1-41.
[204] Charms, 1997, S. 166
[205] Ebd. S. 166

des Ehemannes: „Eben habe ich meine Tochter verprügelt, und jetzt verprügle ich meine Frau."[206]

In *Puschkin und Gogol* stolpern beide Figuren während der gesamten Szenerie übereinander. In *Mißglückte Vorstellung* brechen alle auftretenden Figuren mitten im Satz ab und übergeben sich. Wie *Elizaveta Bam* und *Die Komödie der Stadt Petersburg* sind Charms Kurzstücke mit clownesker (an das Theater des Absurden erinnernder) Komik[207] durchsetzt, die, wie von Barloewen beschreibt, „dem Zuschauer das Trauerspiel als Komödie erscheinen läßt."[208]

Zirkus Schardam

Dieses Marionetten-Theaterstück von Charms wurde erst sehr spät entdeckt. Erstmals erschien es 1992 in der russischen Zeitschrift *Sovremennaja dramaturgija* (Zeitgenössische Dramatik, in: Nr. 1992).

Charms schrieb dieses Stück für das von L.V. S´aporina (1879-1967) 1935 gegründete Leningrader Marionetten-Theater, das nur etwas mehr als ein Jahr existierte. Es fällt zeitlich in Charms´ "postoberiutische Phase". Die Premiere von Zirkus Schardam war im Oktober 1935. Kurz darauf wurde es staatlich verboten und musste zwangsweise wieder aus dem Spielplan gestrichen werden.

Inhalt

Der Tolpatsch Vertunow platzt inmitten einer eher konventionell gehaltenen Zirkusnummern-Revue auf die Bühne und nervt den Zirkusdirektor mit der Bitte, seine "Kunststücke" dem Publikum zeigen zu dürfen. Die Frage des Direktors, ob er denn auf dem Drahtseil oder auf den Händen gehen könne, muss Vertunov verneinen. Stattdessen bietet und zeigt Vertunov dem Direktor Nummern wie Hundegebell: "Vertunov: Wau-wau-wau-wau! *Ganz und gar nicht wie ein Hund*"[209],

---

[206] Ebd. S. 157
[207] Einige Autoren nennen Charms´ Komik auch schwarzen Humor.
[208] von Barloewen, S. 91
[209] Charms, 2002, S. 5

auf einem Bein stehen oder Tierimitationen, z.B. Grunzen wie ein Schwein, auf allen Vieren laufen wie eine Ziege oder fliegen wie eine Fliege. Mit diesen und noch anderen "Kunststücken" stört Vertunov die Ansagen des Direktors und die Nummern der Akrobaten, des Clowns, der Seiltänzerin und des Kraftmenschen. Immer wieder wird Vertunov vom Direktor, dessen Verzweiflung zunehmend wächst, weggeschickt und schließlich am Ende des ersten Aktes vom Kraftmenschen in den Boden gehauen.

Der zweite Akt spielt unter Wasser. Auf die Zirkusbühne wird ein großes Aquarium gebaut. Darin sollen nun die Artisten ihre Nummern zeigen. Als aber der Direktor sieht, wie Vertunov langsam aus dem Boden hervorkriecht, fällt er in Ohnmacht und schlägt mit seinem Kopf ein Loch ins Aquarium. Die ganze Bühne wird überschwemmt, noch dazu bricht der Haifisch aus seinem Käfig aus. Während alle flüchten, ist es Vertunov der das Loch findet, aus dem das Wasser abfließen kann. Vertunov avanciert vom Tolpatsch und Störenfried zum Retter des Zirkus und bekommt als Dank vom Direktor das Angebot, bei ihm im Zirkus anzufangen:

"Direktor: Ich nehme Sie in meine Truppe auf. Wir werden Ihnen alles beibringen. Sie werden Clown sein, Akrobat, Sänger und Tänzer." [210]

Verfahren und Deutung

Im Gegensatz zu *Elizaveta Bam* und *Die Komödie der Stadt Petersburg* hält sich Charms in diesem Stück an die Einheit von Handlung, Zeit und Raum. Die Handlung steht in einem logisch kausalen Zusammenhang, die Zeit ist linear und auch der Handlungsort wird nicht willkürlich verändert. Ebenso lassen sich die Figuren bestimmten Typen zuordnen. Ihre Handlungen sind psychologisch nachvollziehbar. Die Figuren werden im Gegensatz zu den beiden oben genannten Stücken nicht depersonalisiert. Dies ist im Hinblick darauf, dass sich die Figuren als "Schauspieler aus Holz" erkennen, im Deutungskontext interessant. So resümiert der Direktor, nachdem er kurz davor festgestellt hat, dass alle noch leben, obwohl sich alle "unter Wasser befinden":

"Direktor: Aber ich beginne zu verstehen... Hurra! Ich habe alles begriffen. Wir befinden uns unter Wasser, und uns passiert nichts, weil wir Schauspieler aus Holz sind."[211]

---

[210] Ebd. S. 23
[211] Ebd. S. 16

Während die lebendigen Figuren in *Elizaveta Bam* und *Die Komödie der Stadt Petersburg* unselbstständig und willkürlich handeln und darüber hinaus einen Verlust ihrer Subjekthaftigkeit und Innerlichkeit erleiden, bleiben die Identitäten von einfachen Holzfiguren konstant. Ihre Handlungen sind nicht willkürlich und unselbstständig. Sie werden nicht auf rhythmisierte Bewegungsabläufe reduziert.

Der Bürger Vertunov - als solcher wird er mehrmals vom Direktor bezeichnet - bereinigt das von ihm indirekt verursachte Chaos (vielleicht eine Metapher auf die Revolution und dem danach eingetretenen Chaos, das nur durch seine indirekten Verursacher, die einfachen Bürger, wieder beseitigt werden kann). Der von Vertunov aus Versehen freigelassene Haifisch, vielleicht Synonym für den Staatsapparat, frisst alles, was ihm vors Maul kommt:

"Direktor: Und was frißt er?
Mathilda: Ou, absolutely alles. Gestern sie hat gefressen Fahrrad, zwei Klavier, wan Kopfkissen, tuu Kaffeemühlen und vier dicke Bücher." [212]

Nicht nur kulturelle Güter wie Klaviere und Bücher, auch Menschen verschlingt der Hai:

"Direktor: Hm-tja. Und frißt er auch Menschen?
Mathilda: Ou yea. Oh, ja. Sie hat gefressen meine Bekannte Karl Ivanyc´ ´Susterling."

Vergegenwärtigt man sich die damalige gesellschaftliche Situation in der ehemaligen Sowjetunion wird hieran die politische Dimension, die diesem Stück innewohnt (und das daraus zu schließende staatliche Verbot), deutlich.

Theaterrezeption in Deutschland

Mit den folgenden Inszenierungsberichten wird versucht, die Spielbarkeit der Charms-Texte herauszustellen.

Charms´ Miniszenen, Prosatexte oder Theaterstücke wurden in Deutschland hauptsächlich auf freien, kleineren Theaterbühnen erstaufgeführt. Im deutschen Theater wurde Charms 1983 entdeckt. In jenem Jahr fand die deutsche Erstaufführung von *Elizaveta Bam* innerhalb der 38. Berliner Festwochen im West-Berliner

---

[212] Ebd. S. 16

Künstlerhaus Bethanien statt. 1986 wurden einzelne Szenen aus Charms´ Texten auf der Bühne der Bochumer Sezession aufgeführt. Der Durchbruch der Charms-Texte auf deutschen Bühnen erfolgte durch die 1988 am Zan Pollo Theater in West-Berlin inszenierte Textcollage *Der Glyzerinvater oder Wir sind keine Heringe.* Diese Aufführung wurde von der Kritik hochgelobt[213] und legte den Grundstein für eine weitere Etablierung von Charms Werken auf deutschen Bühnen. In den 90er Jahren erschien der Name Charms im Spielplan der deutschen Bühne mehrmals. Das besondere Augenmerk der Regisseure lag dabei auf den Texten *Elizaveta Bam* und den Prosatexten aus dem Zyklus *Fälle.* Beim Referieren der folgenden Bühneninterpretation geht es mir weniger darum, die Inszenierungen detailgetreu wiederzugeben, als vielmehr die in den Aufführungen angewandten theatralen Mittel herauszufiltern.[214]

„Der Glyzerinvater oder Wir sind keine Heringe" am Zan Pollo Theater Berlin

In der o.g. Inszenierung am Zan Pollo Theater Berlin arrangiert die Regisseurin Ilona Zarypow insgesamt 42 Texte von Charms für die Spielfassung *Der Glyzerinvater oder Wir sind keine Heringe.*

Das Stück beginnt mit einem Textauszug aus *Die Komödie der Stadt Petersburg* von 1926 und endet mit einem der letzten von Charms Texten, dem Monolog *Die Rehabilitierung* von 1941. Die Textcollage bietet dem Zuschauer die Möglichkeit Charms´ künstlerische Entwicklung vom Beginn der Oberiu bis zu seinem Tod mitzuverfolgen.

Die Bühne ist diagonal durch einen schwarzen Vorhang geteilt. Zuschauer und Schauspieler befinden sich in den jeweils verschiedenen Dreiecken. Zwischen ihnen ist ein schmaler Gang, der Spielfläche und Publikum voneinander trennt. Das Bühnenbild besteht aus einem dreieckigem Bühnenraum. Davon ist eine Wand aus Metall und die andere rosarot tapeziert. Beide Wände haben in der Mitte eine Tür. Auch die

---

213 Vgl. Lukanitschewa, 2003, S. 129; Hier zitiert die Autorin Kritiken der Zeitungen *taz* und *Friedenauer Bote*, in denen die Inszenierung als "sensationelle Theaterarbeit", als "eine der besten Produktionen der Berliner Theaterlandschaft" und als "Theaterereignis der Saison" bezeichnet werden.
214 Der nachfolgende Text orientiert sich an den analysierten Bühneninterpretationen Charmsscher Texte von Lukanitschewa. Darin versucht sie zu zeigen, "wie weit diese Texte den Ansprüchen der modernen ´postdramatischen´ Bühne entsprechen und wo der Reiz dieser Texte heute liegt." (Lukanitschewa, 2003, S. 129f)

Bühnenausstattung ist einfach gestaltet: "ein schwarzer Tisch, drei schwarze Bugholz-Stühle, zwei Hocker und ein Samovar."[215]

Das Bühnengeschehen wird in einer nicht unterbrochenen Handlung dargestellt. Am Ende jeder Szene verwandeln sich die Schauspieler in die entsprechenden Personen der nächstfolgenden Geschichte. In der Inszenierung geht es weniger um die Darstellung eines logischen Zusammenhanges oder einer inneren Entwicklung, als vielmehr darum, die Stimmung der Gesellschaft in der damaligen UdSSR zu reflektieren. Die immer bitterer werdende Situation in dieser Zeit wird durch das von Szene zu Szene dunkler werdende Licht dargestellt. In der gesamten Collage agieren drei Schauspieler, zwei Schauspielerinnen und eine Tänzerin. Die Schminkmaske der Akteure ist weiß, der Bereich der Augen schwarz und die Münder sind rot. Diese Maske verleiht der Mimik, so Lukanitschewa, besondere Ausdruckskraft und erinnert an das experimentelle Theater der Futuristen und an den Stummfilm.[216]

Die aneinandergereihten Kurzszenen, Dialoge und Texte werden mit Mitteln wie Skurrilität, Groteske, akrobatischen Elementen, Slapstick-Einlagen und pathetisch deklamierten Sprechpartien gespielt. Beispielhaft hierfür ist die am Anfang der Collage inszenierte Szene aus *Die Komödie der Stadt Petersburg*:

"(...) Nikolaus reißt seinen Säbel aus dem Gürtel, springt auf den Tisch und deklamiert pathetisch seine Sprechpartie. Während des Sprechens steigt er hinunter, macht ein paar Schritte hin und her und wird von zwei Männern mit roten Fahnen - einer im Soldatenmantel, mit einer Schirmmütze auf dem Kopf, und ein zweiter in weißem Hemd und knielangen Hosen -, die durch verschiedene Türen erscheinen, verhaftet. Als er sich weigert, mit den beiden zu sprechen, zwingt man ihn, über die Fahnenstange zu springen, während einer der beiden Männer dazu singt. Die Szene endet mit einem grotesken ´Totentanz´: Das Licht erlöscht plötzlich, und im Dunkel sind Kanonendonner und Detonationen zu hören. Als der Bühnenraum wieder beleuchtet wird, tanzen alle fünf Darsteller in Rauchschwaden mit roten Fahnen im Kreis zu bedrohlich dröhnender Musik. Der groteske Umzug verlässt die Bühne durch eine der Türen, Nikolaus erscheint gleich wieder auf allen Vieren, mit dem auf seinem Rücken reitenden Mädchen. Plötzlich bricht er ´tot´ zusammen und sein Gesicht wird mit der Fahne zugedeckt."[217]

Auch die Handlung der nächstfolgenden Szene *Der Streit*[218] ist noch vorwiegend kindlich-spielerisch. Diesmal sogar mit choreografierten akrobatischen Einlagen: "Die

---

[215] Lukanitschewa, 2003, S. 130
[216] Schaut man in der Theatergeschichte noch weiter zurück, so erinnern die weißen Gesichter der Schauspieler an den Weißclown. Die weiße Gesichtsfarbe stellt dessen Herkunft aus dem Totenreich dar.
[217] Lukanitschewa, 2003, S. 132
[218] In diesem Dialog streiten sich Bogalnev, der sich für einen Prinzen hält und Kuklov, der ihn für diese Behauptung mit Suppe vollspritzen will. Beide Personen beschimpfen sich und drohen einander gegenseitig mit Gewalt.

beiden stehen synchron vom Tisch auf, Bogadelnev nimmt zwei Suppenteller in die Hand und greift Kuklov an. Kuklov reißt den Löffel aus einem der Teller, macht einen Ausfall und sticht mit dem Löffel, als ob er ein Degen wäre, in den Bauch Bogadelnevs, worauf Bogadelnev auf den Tisch kippt. Kuklov stellt einen Stuhl so auf den Tisch, daß der Körper Begadelnevs zwischen den Stuhlfüßen gekreuzigt liegt, und setzt sich auf diesen Stuhl. Bogadelnev wirft Kuklov ab, springt auf den Boden, woraufhin die beiden Gegner synchron wiederum auf den Tisch springen und einander an der Krawatte ziehen. Danach landen sie wieder auf dem Boden, auf verschiedenen Seiten des Tisches, und gehen mit dem Tisch aufeinander los. Die beschriebene Bewegungspartitur begleitet das Wortgefecht der beiden Männer."[219]

Die Grundstimmungen der Szenen werden, wie eingangs schon erwähnt, im Laufe der Inszenierung immer ernster und bedrohlicher. Beispielsweise berichtet in einer der letzten Szenen ein auf der völlig dunklen Bühne liegender Schauspieler mit trauriger, resignierter Stimme paradoxerweise "vom Sieg des Lebens über den Tod".[220]

Selbst erotisch anmutende Szenarien, wie in der Szene *Die Störung* werden radikal durch ihr düsteres Ende enttäuscht. Hier bewundert ein Mann die schönen Strümpfe einer Frau. Während diese ihren Rock anhebt, bemerkt sie, dass sie nichts darunter hat, woraufhin der Mann auf Knien ihre Beine küsst. Kurz darauf

"(...) erscheint ein Mann in schwarzem Ledermantel und hohen Stiefeln, fragt die Anwesenden nach ihren Namen, befiehlt ihnen mitzukommen und verbietet jede Unterhaltung zwischen den beiden. Die Tür fällt hinter ihnen ins Schloss, die Bühne versinkt im Dunkel."[221]

Am Schluss der Inszenierung wird durch das Spiel der Schauspieler auf einer fast dunklen Bühne "die Aufmerksamkeit der Zuschauer auf die sarkastischen, von Brutalität und Tod handelnden Texte konzentriert, und das Bild der Zeit, in der sie geschrieben wurden, gewinnt scharfe Konturen."[222]

„Die rausfallenden alten Weiber" als Stegreiftheater

---

[219] Lukanitschewa, 2003, S. 133
[220] Ebd. S. 135
[221] Ebd. S. 135
[222] Ebd. S. 137

Das Charms Texte sich auch für Stegreiftheater eignen, bewies die von Herbert Fritsch inspirierte Aufführung *Die rausfallenden alten Weiber*[223], die im Rahmen der Veranstaltung *Beckett Late Nights* im September 1993 auf der Berliner Volksbühne gezeigt wurde. Der vier Sätze kurze Text von Charms aus seinem Zyklus *Fälle* füllte hier mittels Improvisation eine dreiviertel Stunde. In dieser Aufführung wurden aus den sechs Stürzen insgesamt fünfunddreißig. Jedes der Ensemblemitglieder kam - verkleidet in schrulligen Klamotten - als komische Alte nacheinander auf die bürgerlich kitschig gestaltete Bühne und präsentierte schweigend, singend, wortlos erzählend, lachend oder Unzusammenhängendes sinnierend jeweils verschiedene Gründe der durch Maske und Kostüm gänzlich unterschiedlichen Frauentypen für ihren Sturz. Dadurch entstand "eine groteske Galerie seltsamer Gestalten":

"Die alte Balletttänzerin z. B. erschrickt über ihr Abbild im Spiegel, zu dem sie trippelt, (...) drückt rückwärts gehend die Blumen an die Brust, schließt dabei die Augen, (...) und fällt so schließlich aus dem Fenster. Die Japanerin erscheint mit dem Fotoapparat in der Hand, fotografiert den Zuschauerraum und die Gegenstände im Zimmer, (...) begeistert sich für die Aussicht aus dem Fenster, macht ein Foto und kippt dabei über das Fensterbrett. Eine andere Alte erscheint mit einer Tüte vom Kaufhof, wühlt in ihr, zieht einen schwarzen Hut heraus, zeigt ihn den Zuschauern, küsst ihren tollen ʼKaufʼ, setzt den Hut auf den Kopf, schaut zuerst aus einem der Fenster, dann aus einem anderen, bis der ʼWindʼ den Hut wegweht. Verzweifelt steigt sie auf das Fensterbrett, streckt die Arme nach dem weggeflogenen Hut aus und fällt mit einem Schrei hinaus."[224]

„Elizaveta Bam"

In den 90er Jahren fanden nach Lukanitschewa drei Inszenierungen von *Elizaveta Bam* auf deutschen Bühnen statt. Ihre Analyse basiert auf der Inszenierung der Studiobühne in Bayreuth, die am zweiten Februar 1995 Premiere hatte.

Das Bühnenbild besteht aus verschiebbaren, schwarzen Kulissen, die gleichzeitig Elizavetas Wände darstellen. Gegen Ende der zweiten Szene, wenn die Schauspieler im Kreis laufen, kommen die Kulissen in Bewegung. Dadurch offenbart sich die

---

[223] Ein Mann beobachtet, wie sich nacheinander sechs alte Frauen vor Neugier zu weit aus dem Fenster lehnen und auf die Straße fallen. Nachdem die sechste Frau aus dem Fenster gefallen ist, wird dem Beobachter langweilig und er geht weiter.
[224] Lukanitschewa, 2003, S. 140

Ähnlichkeit der Kulissenkonstruktion mit der eines Karussells. Im Verlaufe des Stückes wandelt sich das Bühnenbild nur einmal, und zwar in der achten Szene in eine Landschaft: "Diese Transformation wird dadurch erreicht, daß die Schauspieler jeden Vorhang mit einem Bindfaden zusammenbinden."[225]

Die Raumkategorie wird im achten Bild durch das plötzliche Erscheinen einer Kakerlake, die an Stelle des Bettlers tritt, aufgelöst.[226] Die benutzten Requisiten sind sehr übersichtlich: vier Stühle, ein mit Kartoffeln gefüllter Holzhandkarren und zwei streichholzförmige Stöcke, mit denen sich Papascha und Petr Nikolaevitsch im *Kampf zweier Recken* duellieren. Maske und Kostüme erinnern an den Futurismus der 20er Jahre[227].

Die Regisseurin arbeitet außerdem mit Choreografie, Klangkulisse und Clownerie.

"Die neunzehn Szenen der Inszenierung kann man bedingt in drei Kategorien einordnen: Szenen, in denen Choreografie dominiert, Szenen, in denen die Regisseurin der Klangkulisse den Vorzug gibt, und dramatische Etüden."[228] Die sparsamen Requisiten werden, wie im Manifest Oberiu gefordert, zu Spielobjekten. So wird in der dritten Szene das clowneske Spiel von Petr Nikoleavitsch und Ivan Ivanovitsch zu einem "Spiel, mit einem Stuhl arrangiert."[229]

"Die beiden Darsteller nehmen dabei verschiedene Posen ein, steigen synchron zusammen auf den Stuhl und machen gymnastische Bewegungen mit Armen und Beinen, springen auf den Boden, hocken sich hin und heben dabei den Stuhl an den hinteren Stuhlbeinen hoch."[230]

Die zwei Stühle fungieren in den darauffolgenden Szenen als Turngeräte und als Instrumente der Gewalt:

---

[225] Ebd. S. 148
[226] Lukanitschewa vermutet hier die Anspielung der Regisseurin Birgit Franz auf die politischen Verhältnisse im damaligen Russland. Die Kakerlake, die im Stück mehrmals erwähnt wird, versteht sie als Symbol der Staatsgewalt und des Bösen. (vgl. Lukanitschewa, 2003, S. 149)
[227] Ebenso wie in der Inszenierung am Zan Pollo Theater sind die Gesichter weiß geschminkt, die Lippen rot und die Augenbrauen schwarz. Zusätzlich sind hier noch die Augenhöhlen schwarz bemalt.
[228] Lukanitschewa, 2003, S. 149
[229] Ebd. S. 149
[230] Ebd. S. 150

"Ivan Ivanovitsch und Petr Nikolaevitsch, die hier als betrunkene Männer auftreten, ´spielen´ eine Vergewaltigung: einer liegt auf dem Boden, und der zweite macht über ihm mit dem Stuhl die eindeutigen Bewegungen des Sexualaktes."[231]

In der dreizehnten Szene überwiegt, so Lukanitschewa, die Klangkulisse. Trommelwirbel, die Verfremdung des „Violine" Textes zur Stimmübung der Darsteller, Pfeifen, geschlagener Takt mit Stiefelabsätzen und Klatschen, sowie die Vermischung verschiedener Musikklänge wandelt die Regisseurin durch Körperbewegungen zu einer Szenerie des Krieges:

"Petr Nikolaevitsch (...) wirft sich auf den Boden, als ob er sich vor einem Geschoß schützen wolle, erhebt sich auf die Knie, zuckt zusammen und weicht mit dem Körper zurück, als sei er von einer Kugel in die Brust getroffen"[232].

Die Regisseurin parodiert das realistische Theater, so Lukanitschewa, in der fünften Szene, die wieder durch eine reichliche Klangkulisse aus Gitarrenakkorden, Lachen, mehrere Stimmen usw. untermalt wird. In dieser Szene setzen sich Elizaveta und zwei Gäste "langsam und würdevoll auf gegenüberliegende Stühle. (...) Daraufhin wechseln die Schauspieler miteinander einzelne Worte, und die Handlung wird wieder zum absurden Spiel."[233]

Die erste und letzte Szene ist wie in der Stückvorlage veristisch in Szene gesetzt. Lukanitschewa bezeichnet die Rezeption dieser Szene als ´dramatische Etüde´.

"Die Bewegungsregie dieser beiden Szenen ist im Vergleich zu denjenigen, in denen Elemente der Biomechanik Mejerhol´ds verwendet werden, sparsam, die Gestik der Darstellerin nicht überzeichnet. Elizaveta spricht ihre Monologe dramatisch-pathetisch und demonstriert dabei den ´Glauben an die Lebensbedingungen´ der Rolle nach Stanislavskijs System."[234]

Am Schluss ihrer Analyse der Bayreuther Inszenierung resümiert Lukanitschewa, dass „das Bühnengeschehen den Eindruck eines Schauspielertrainings, des Versuchs, verschiedene Elemente des Theaters in der Praxis zu erproben und ihre Wirkung auf das Publikum zu prüfen"[235], habe.

---

[231] Ebd. S. 150
[232] Ebd. S. 151
[233] Ebd. S. 151
[234] Ebd. S. 151
[235] Ebd. S. 151

Die oben zusammengefasst referierten Analyseauszüge zeigen nicht zuletzt die vielfältigen Möglichkeiten, sowohl was Bühnenbild, Regie, Zeitbezug und Schauspieltechnik angeht, die Charms´ Texte - seien es seine dramatischen oder seine Kurztexte - für die Umsetzung auf dem Theater offenlegen.

III. Das Theater des Daniil Charms und das „andere" Theater

„(...) Ich erschrak, daß die Welt einstürzte. Doch hier begriff ich, daß ich die Teile der Welt nicht einzeln sah, sondern alle zusammen. Zuerst dachte ich, das sei das NICHTS. Doch dann begriff ich, daß es die Welt war, und das, was ich früher gesehen hatte, nicht die Welt gewesen war. (...) Und als die Teile verschwunden waren, hörten ihre klugen Eigenschaften auf, klug zu sein, und ihre dummen Eigenschaften hörten auf, dumm zu sein. Die ganze Welt hatte aufgehört, klug und dumm zu sein." [236]

Der Theaterwissenschaftler Rudolf Münz zählt in seinem Buch *Theatralität und Theater* vier strukturelle Typen aus deren Verhältnis zueinander sich die Theatralität einer Epoche beschreiben lässt. Dazu zählt er das „Nicht-Theater", was als Begriff grob die Ablehnung gegen jegliche Form von Theater, sei es als Kunstform oder sei es das soziale Rollenspiel, zu fassen versucht. Weiterhin nennt er den Strukturtyp >>Theater<<, worunter er alle Formen des sozialen Rollenspiels und des Alltagstheaters zählt und das Theater, worunter er wie auch immer geartete Theaterkunst, auch Kunsttheater genannt, fasst. Gegen die beiden letztgenannten Strukturtypen von Theater steht die Konzipierung des Strukturtyps >Theater< („anderes" Theater) entgegen. Die Konzipierung dieses Typs durchleuchtet und entlarvt das Theatralische der Strukturtypen >>Theater<< und Theater. Dieses „andere" Theater gab sich betont unkünstlerisch und bewusst unnatürlich. Während es mittels der Maske Theatralisches offen legte (was seine destruktive Seite ausmachte), nahm es historische Rückgriffe auf „>>vortheatralische<< Verhältnisse >>goldener Zeitalter<< vor. Das machte seine konstruktive Seite aus. Sein Hauptrepräsentant war Harlekin, der seinerseits kein Vorbild in der Natur hat.

Münz´ "Harlekinprinzip"

In seinem Aufsatz "Das Harlekinprinzip"[237] konstatiert Rudolf Münz, dass allein durch sein bloßes Erscheinen und seine typische Haltung die Vorstellung des Harlekins als Genius des Lebens überhaupt dokumentiert sei. Die Form dieses alten Prinzips sei uns im Laufe der Zeit, nicht zuletzt durch den Einfluss des Christentums und die Jahrhunderte währende Verfolgung der Vertreter des Harlekinprinzips, für die Profilierung eines einsinnigen Theaters mit Machtanspruch, verloren gegangen. Doch trotz dessen lebe dieses uralte Prinzip weiter. In der Theatergeschichte steht das

---

[236] Charms, 1992, S. 100f

sogenannte "Harlekinprinzip" für ein, wie es Münz nennt, "anderes" Theater. Dieses "andere" Theater *spielt* mit Kontrasten und Ambivalenzen, anstatt sie zu negieren. Dieses *spielen* mit Gegensätzlichem und sich gegenseitig Ausschließendem kann, so Münz, auch als das "dynamische Element" angesehen werden. Münz bemerkt, dass die Entstehungszeit des Prinzips und die Hauptphase seiner Wirkung in der Zeit der Verabschiedung von der Urgesellschaft Ende des 16. Jahrhunderts erhebliche Ähnlichkeiten mit jener Zeit der Verabschiedung von der Klassengesellschaft am Anfang des 20. Jahrhunderts aufweist, was moderne Versuche, dieses Prinzip in der Kunst wieder aufleben zu lassen, nach sich zog. Zu denken sei hier an Avantgardebewegungen in Kunst und Literatur wie Dadaismus, Futurismus und Surrealismus. Dieser Aspekt scheint besonders relevant in Bezug auf die Anwendbarkeit des "Harlekinprinzips" auf das Theaterwerk von Charms. Münz merkt weiter an, dass der eigentlichen Geburt des Harlekins - die Ende des 16. Jahrhunderts durch die Comici dell´Arte in Frankreich erfolgte - , elementare Formen in Gestalt der Guillaris, der Gaukler, des fahrenden Volkes sowie in noch ähnlichen Figur-Variationen des Mittelalters vorausgingen. In einem anderen Aufsatz "Comedia italiana" geht Münz im selben Band auf diese elementare Urform ein. Hier erwähnt er den von dem Ethnologen D´Arco Silvio Avalle entdeckten mitteleuropäischen Trickster, den "Proto Zanni". In anderen Studien, wie beispielsweise dem Buch *Faszination Clown* von Anette Fried und Joachim Keller wird die ursprüngliche Figur des Clowns ebenfalls auf eine Tricksterfigur zurückgeführt.

Die Gestaltungsform des Clowns leiten beide Autoren von den Heiligen Clowns nordamerikanischer Indianerstämme ab. Diese Heiligen Clowns nehmen gegenüber den Würdenträgern ihres Stammes eine für Trickster typische Gegenteiler-Funktion ein. In diesem Zusammenhang verwenden die Autoren auch die Begriffe Trickster und Schelm.[238]

Inwieweit die in den Theatertexten von Charms auftretenden Clowns, Tollpatsche und sonstigen clownsähnlichen Figuren in ihrem Ursprung auf jene Tricksterfigur zurückzuführen sind, bedarf einer genaueren Untersuchung. Die zahlreichen Clownspossen, Harlekinaden und an den Stummfilm, insbesondere an die Chaplin-

---

[237] Vgl. Münz, Rudolf: *Das Harlekinprinzip* in : *Theatralität und Theater.* Berlin: Schwarzkopf und Schwarzkopf Verlag, 1998. S.60-66.

Filme erinnernden Slapstickeinlagen[239] der literarischen Figuren in Charms´ Theatertexten lassen jedoch eine Verwandtschaft mit jener Tricksterfigur vermuten.

Nach Münz leben als Kern der ältesten Schichten bei allen Vertretern des Harlekinprinzips bestimmte Motive weiter, wie der Wunsch nach stetiger Produktivität, Lebensfürsorge und Mutter- bzw. erdverbundenes Denken – Motive, die Münz in die Sphäre der "ersten Natur" einordnet. Indizien der vielgeschmähten "Primitivität", "Obszönität" und "Gemeinheit", die nicht zuletzt als Rechtfertigung für die Verfolgung der Praktiker des Harlekinprinzips herangezogen wurden, seien, so Münz, hieraus erklärbar. Auch Charms´ Texte, insbesondere seine Theatertexte, beinhalten Obszönes, Gemeines, Paradoxes und jegliche Indizien, die sich in die "erste Natur" einordnen lassen. Wie Müller-Scholle in ihrer Zusammenfassung über das Oberiu-Drama bemerkt, sind Amoral, Anarchie des Trieblebens und das Asoziale seine (dem Oberiu-Drama typischen, L.S.) Konstituenten.[240]

In dem "anderen" Theater gehe es, nach Münz, immer um die unmittelbare Verbindung mit dem Gemeinschaftsleben. Seine Themen sind Varianten von grundelementaren Bedürfnissen menschlichen Seins, wie Lebenssicherung, Wiedergeburt, Fortpflanzung, befriedigende Arbeit, Kampf, Tod usw.; Themen, die immer vom karnevalistischen Geist und Elementen der Lachkultur geprägt sind und als Ausdruck des Schöpferischen gelten. Auf die Todesmetaphorik in den Texten *Die Komödie der Stadt Petersburg* und *Elizaveta Bam* wies Müller-Scholle nachdrücklich und ausführlich hin.[241]

Die Botschaft der Vertreter liegt allein in der bei ihrem Auftreten typischen Haltung ("ecco mi" = dt. "da bin ich"). Lange Zeit wurde dies "(...) als Ausdruck eines "anderen" im doppelten Sinn verstanden: direkt - als Ausdruck der Insubordination, z.B. gegenüber der Vielzahl gesellschaftlicher Normen und Zwänge; indirekt - als Ausdruck des Boten, des Ambassadeurs, des Verbindungsmannes zur "anderen" Welt und damit zur Utopie, zur Vision vom "Goldenen Zeitalter"."[242]

---

[238] Vgl. Fried, Anette und Keller, Joachim: *Faszination Clown*. Düsseldorf: Patmos Verlag, 1996. S. 15
[239] Anhand des Analogieverfahrens wies Julia Brockmüller in ihrer Hausarbeit "Charlie Chaplin und die Figur des Tramp" tendenziell nach, dass Chaplin´s Figur des Tramp ein moderner Vertreter des ´Harlekinsprinzips´ sei.
[240] Siehe oben Abschnitt *Ästhetik und Kommunikation im Theater von Charms und dem Oberiu-Drama.*
[241] Vgl. Analyse, insbesondere Anmerkung oben
[242] Münz: *Das Harlekinprinzip*, S. 62

Das Wesentliche beim Erscheinen des "Harlekins" sei, so Münz, das Funktionieren der Sprache ohne Worte als Kommunikationssystem, und die Vertrautheit der Zuschauer mit den jeweiligen Gesten. Hierin erscheint mir eine weitere Relevanz, denn Charms und die Oberiuten strebten nach einer Sprache (ohne Worte), die jenseits von Verstand und Rationalität lag und die Wirklichkeit als Ganzes zu verstehen vermochte.

Die Zeit der Entstehung des "anderen" Theaters als spezifische Strukturform des Theaters weist in ihrer Umbruchsituation im 16. Jahrhundert erhebliche Analogien zur Zeit der Moderne auf, die sich um die Jahrhundertwende in den sich verändernden Lebensbedingungen der Menschen und ihrer Lebensanschauungen äußerte.[243]

Das Harlekinprinzip als Strukturform des Theaters ist in einer Zeit entstanden, die gekennzeichnet war von einer "(...) gewaltsamen Veränderung der Lebensweise für den überwiegenden Teil der damals lebenden Menschheit(...)"[244].

Mit lachendem Aufbegehren hat sich das "andere" Theater mit all seinen fantastisch grotesken Mitteln, seinen kraftspendenden Jenseitsbezügen oder karnevalistischen Verkehrungen"[245] der Neubestimmung von Arbeit und Freizeit, der Normierung und Regulierung aller Trieb- und Affektvorgänge, der Zähmung herkömmlicher Sitten und Gebräuche durch "Erziehung" und "Zivilisation" und gegen die Neu- und Umbewertung des Sinnlichen widersetzt.

"Es setzte seine spezifischen Eigenheiten dafür ein: seine besonderen Raum- und Zeitstrukturen (des Spiels auf verschiedenen Ebenen), seine eigentümlichen, von Verwandlungen geprägten Objekt-Subjekt-Beziehungen, seine (von einem bestimmten Standpunkt aus gesehene) akausale, arationalistische, amoralische Gestaltungsweise, seine umfassende Sinnlichkeit und Körpernähe und das darauf bezogene Verhältnis von "Geist und Bauch", seine charakteristische Einheit von Natürlichem und Fantastisch-Absurdem, von Regel, ja Schematismus und Spontaneität - immer vom Boden der schöpferischen, lebensspendenden Lachkultur aus, selbst dort wo, es "ernsthaft" oder auch "melancholisch" wurde."[246]

Die akausale, arationalistische und stellenweise amoralische Gestaltungsweise in Bezug auf Raum, Zeit und Objekt-Subjekt-Beziehungen in den Charms-Texten und die gleichermaßen grotesk und komödiantisch behandelten ernsthaften Thematiken wie bspw. Verfolgung und Verhaftung in *Elizaveta Bam* wurden bereits im Analyseteil

---

[243] Nicht zuletzt sind die sich Anfang des 20. Jahrhunderts herauskristallierenden Avantgardebewegungen Produkte ihrer Zeit.
[244] Münz, S. 63
[245] Ebd. S. 63
[246] Ebd. S. 63

ausführlich behandelt. Hier zeigt sich eine weitere Relevanz des Theaters von Charms und dem ´anderen´ Theater. Weiterhin zeigen sich Parallelen in der kritischen Auseinandersetzung mit Zeit und der damit verbundenen parodistischen Auflehnung gegenüber Normierung und regulierter Zivilisation.

Entscheidend für die Vertreter des Harlekinsprinzips ist, wie Münz betont, dass sie die Inkarnation der (karnevalistischen) Verwandlung waren. Die Verwandlung gehörte als spezifisches Element zu ihnen. In der Figurenkonzeption von *Elizaveta Bam* wurden die mehrfachen Verwandlungen der Figuren referiert. Nach Müller-Scholle gibt es sogar in *Elizaveta Bam* nur eine Figur, deren Träume und Angstvorstellungen von den übrigen Beteiligten (also den Phantasiefiguren Elizavetas) widergespiegelt werden. Auch *Die Komödie der Stadt Petersburg* deutet Müller-Scholle als ein von Todesmetaphorik durchdrungenes Monodrama. Dies erscheint auch in Bezug auf die Figur des mitteleuropäischen Proto-Zanni von Relevanz.

Die Figur des mitteleuropäischen Proto-Zanni, ein Wesen, das in einer Figur oder Maske Gegensatzpaare wie: Opfer - Täter, Guter - Böser, Dummer - Schlauer, Komiker - Tragiker, Narr - Weiser, Engel - Teufel usw. vereinte; ist hier bezeichnend für die Figur des Harlekinprinzips. "Trickster, Giuglimino, Zanni, Harlekin, Pulcinella, Tabarin und Bernardon, aber auch Hanswurst und Eulenspiegel konnten - mit welchen Unterschieden auch immer - beides gleichermaßen sein; sie hatten Beziehungen zu "Himmel" und "Hölle", sie konnten auftreten als "Gespaltene/Zerrissene" und als "Doppelgänger". Sie waren Masken, und zwar noch einmal: in einer Person."[247]

Vertreter des Harlekinprinzips im Alten Russland

Interessant in Bezug auf das Harlekinprinzip von Münz, aber auch im Hinblick auf mögliche Ursprünge des Theaters des Daniil Charms, sind zwei Theaterstrukturtypen, die sich ab dem 11. Jahrhundert im Alten Russland nachweisen lassen und deren Masken der Figur des mitteleuropäischen Proto-Zanni am nächsten kommen. Das sind das entstandene Jurodentum und das Skoromochentum. Aus dem Skomorochentum

---

[247] Ebd. S. 64

entstand dann das Balagan, ein russisches Schaubudentheater ab dem 17. Jahrhundert.[248]

Beide Traditionen nahmen bis ins 17. Jahrhundert im russischen Volksbrauch und in der russischen Volksfrömmigkeit einen "bedeutsamen Platz ein".[249] In beiden Traditionen sind besonders zwei Dinge auffällig: "beide Typen verwenden vergleichbare Elemente und Mittel, und beide waren unversöhnliche Gegner".[250]

Das Quellenmaterial zu beiden Traditionen ist sehr gering. Zum Jurodstvo existieren fast nur Anekdoten, vereinzelte Reisebeschreibungen sowie Erlasse und Gesetze. Über Skomorochen gibt es einzig Verbote, Erlasse oder Beschuldigungen als Quellenmaterial, so dass es noch viele Unklarheiten über die Geschichte der Skomorochen gibt.

Baumbach nimmt an, dass es in heidnischen Bräuchen, Spielen, Kulten, Festen und Ritualen, die vor dem 10. Jahrhundert ausgeübt wurden, einen engen Zusammenhang von Trickster und Schamane, das heißt von Lach-Akteur und Magier gab. Beide verwendeten bei ihren Praktiken schauhafte, theatrale Elemente. Der Trickster und Schamane, der häufig in einer Person als komische Figur (Maske) agierte, parodierte rituelle Handlungen mit den Mitteln der Narretei und Buffonade und löste somit Lachen aus.[251] Solche komischen Figuren traten "im Stadium des Zerfalls der Urgesellschaft" auf. "Die komischen Personen in Masken, die bei den Ostslaven die ernsthaften rituellen Handlungen begleiteten, sind, wie uns scheint, die zukünftigen Skomorochen. Eben hier entstand auch jene besondere Neigung zur Parodie, die sich so deutlich in den Handlungen der Skomorochen im 11. bis 17. Jahrhundert zeigte. Irgendwann parodierte der Skoromoche die Handlungen des volchv´[252] oder des Priesters, und das

---

[248] In J. Fiebachs Essay: "Der Theatermacher als Skoromoch und Philosoph" beschreibt der Autor einen direkten Übergang vom Skoromochentum zum Balagan. Trotzdem entwickelte Meyerhold Anfang des 20. Jahrhunderts seine Balagan-Konzeption auf Grundlage der Comedie Italiene und des Theatre de la Foire. Vermutlich ist dies auf das äußerst magere Quellenmaterial über das Skoromochentum zurückzuführen, aber auch darauf, dass Commedia dell´Arte - Truppen, vermehrt im 17. und 18. Jahrhundert in Russland, kontinuierlich auf Plätzen und Jahrmärkten in Petersburg und Moskau, auftraten.
[249] Baumbach, Seiltänzer und Betrüger? Parodie und kein Ende. Ein Beitrag zu Geschichte und Theater, Francke Verlag, Tübingen und Basel, 1995
[250] Ebd. S. 122
[251] Vgl. Zitat von A.D. Avdeev in Baumbach S. 121
[252] volchv´ war ein Magier, dessen Aufgabe darin bestand Vorhersagen zu treffen, vgl. Anmerkung 4 in Baumbach, S. 122

war seine Aufgabe, möglicherweise anfänglich seine einzige. Nach der Christianisierung wurden solche Handlungen als Verhöhnung angesehen und verfolgt."[253]

Baumbach konstatiert, dass die oben erwähnte Komplementarität von Lach-Akteur und Magier in Russland ab dem 10. Jahrhundert mit der Christianisierung endete.

Das Christentum wurde im Jahre 989 offiziell vom Kiewer Fürsten Wladimir in Russland eingeführt. Mit der Christianisierung wurde jedoch, trotz der Zerstörung von alten heidnischen Kultstätten, die heidnische Religion nicht zerstört. Mit dem christlichen Glauben verbanden sich heidnische Elemente zu einem sogenannten ´Doppelglauben´ (russ. unter dem Begriff „dvojeverije" lange Zeit von wesentlicher Bedeutung).

In dieser Zeit entstanden die beiden oben genannten Traditionen. Beide existierten zeitgleich und bekämpften sich gegenseitig bis zur ihrer Verdrängung im 18. Jahrhundert, und das, obwohl sie in ihren Verfahren erhebliche formale Analogien aufwiesen. Die Rivalität beider Strukturtypen ist auf beider unterschiedlich angestrebter Funktion zurückzuführen. Das Auftreten von Vertretern der Jurodivye ("Gottesnarren", "heilige Narren", "Narr in Christo", "Narr um Christus Willen") wurde von Seiten der orthodoxen Kirche geduldet, ja sei wurden sogar heilig gesprochen (wenn auch nur auf niedrigem Rang), obwohl ihre Praktiken gegen die kirchlichen Prinzipien verstießen (Nacktheit, Lachen, Schau-Spielen). Das Auftreten von Skomorochen, die von der Kirche und von Juroden als "Teufelswerk" bezeichnet und verdammt wurden, wurde untersagt.[254]

Nach dem Verschwinden beider Traditionen nach ihrem Verbot ab dem 17. Jahrhundert, das bezüglich des Skomorochentums weniger auf dessen Verbot als vielmehr auf das gänzliche Verschwinden des Heidentums zurückzuführen ist (da das Skomorochentum aus heidnischen Riten stammt), übernahmen dann im "18. und 19. Jahrhundert (...) wesentliche Funktionen und Tätigkeiten der Skomorochen

---

[253] Belkin, in Baumbach S. 122

[254] Die Angaben über verhängte Verbote, aber auch Duldung differieren in verschiedenen Aufsätzen. Christa Ebert bspw. schreibt in ihrem Aufsatz *Die Funktion des Christusnarren (Jurodivyj) in der altrussischen Kultur,* dass Skomorochen: "(...) zwar einerseits der Blasphemie bezichtigt wurden ("bog sozdal popa, a bes skomoracha" - "Gott schuf den Popen, aber der Teufel den Skomorochen"), andererseits aber von der Kirche bis zum 17. Jahrhundert geduldet wurden." Ebert, Christa, Die Funktion des Christusnarren (Jurodivyij) in der altrussischen Kultur in Ritualisierte Tabuverletzung, Lachkultur und das Karnevaleske. Beiträge des Finnisch-Ungarischen Kultursemiotischen Symposiums 9. bis 11. November 2000 Berlin - Frankfurt (Oder), Band 6 Rothe, Matthias/Schröder, Hartmut (Hrsg.), Peter Lang Verlag, Frankfurt a.M., Berlin, Bern, 2000. Christa Ebert referiert hier eine Aussage von Pantschenko in seiner Arbeit "Jurodivye na Rusi".

theatralische stehende Typen wie Gajer, Arlekin (Cherlekin, Garlekin), Cygana, in einigen Fällen auch einfach der Diener (slug), schließlich die Darsteller des Schaubudentheaters (balagan) auf den Jahrmärkten und der Balagan-Ded (Balaganopa)."[255]

Im folgenden werde ich beide Traditionen skizzenartig referieren.

Juroden

Sein Narrentum nimmt der Jurode um "Christi Willen" an. Er wird auch verstanden als eine Art freiwilliger Märtyrer, der "die Bürde der heiligen Narrheit, ihre Häßlichkeit (...) (annimmt, um; L.S.) entlarven und anklagen zu dürfen."[256]

Der Jurode verfolgt didaktische und erzieherische Ziele. Den Zuschauer provoziert er nicht des Gelächters willen, sondern um über Lächerliches zu weinen. Seine Weisheit verbirgt er hinter seiner Narrenmaske, die er nur tagsüber anlegt. Nachtsüber ist er allein und vertieft sich und weint im Gebet. Durch sein sonderbares Spiel will der Jurode wachrütteln und "(...) die Großen der Welt (...) entlarven."[257]

"Der Jurode präsentiert in seinen Auftritten tagsüber eine seinem Publikum unzugängliche, unbekannte andere (Nacht-)Welt. Diese andere Welt versieht die Tages-Auftritte der Juroden - für das Publikum, das daran glaubt - mit Bedeutung."[258]

Baumbach sieht in dieser Tag-/Nachtteilung "eine Doppelung/Spiegelung des Verhältnisses von anderer Welt und irdischer Welt."[259]

Merkmal des Juroden ist seine Nacktheit, die sinnbildlich für die Verachtung des Fleisches stand, aber auch Versuchung, Ärgernis und Sittenlosigkeit bedeutete.

Der Jurode macht seinen ganzen Körper zu einem Symbol. Er benutzt ihn als eine Gesamtkörpermaske, die er zum Teil auch mit Symbolen der Kirche besetzt, wie bspw. Kreuze mit eisernen Ketten usw. "(...) die Aitologie für das russische Jurodentum gründet sich auf eine Begegnung mit dem Teufel, genauer auf eine Veränderung der Strategie des Kampfes gegen den Teufel."[260]

---

[255] Fiebach, 1976, S. 289
[256] Lichatschev / Pantschenko, A.M., 1991, S. 85
[257] Ebd. S. 82
[258] Baumbach, 1995. S. 165
[259] Ebd. S. 165
[260] Ebd. S. 145

Manche Juroden tragen auch Flickenhemden ("Juroden-Hemd"). Niemals verdeckt der Jurode seine Augen, die als "unmittelbarster Ausdruck der Seele[261]" gelten, ebenso wenig wie sein Gesicht.

Sein Wesen hat einen aktiven und einen passiven Teil. Der offenkundige, sichtbare aktive Teil "liegt in der Verpflichtung, ´die Welt zu beschimpfen´, d.h. in der Welt zu leben, inmitten der Menschen, die Laster und Sünden von Reich und Arm zu entlarven, ohne Rücksicht auf gesellschaftliche Umgangsformen. Ja noch mehr: Die Verachtung gesellschaftlicher Umgangsformen bildet eine Art Privileg und eine notwendige Bedingung des Christusnarrentums, die den heiligen Narren von Bedingungen der Zeit und des Raumes unabhängig macht. Die beiden Seiten des Christusnarrentums, die aktive und die passive, bringen sich gegenseitig ins Gleichgewicht und bedingen einander."[262]

Die Sprache der Juroden ist vor allem die des Schweigens. Diese betrachten sie auch als ihre ideale Sprache. Wenn sie sich über Sprache mitteilen, dann nur über unverständliche Ausrufe, Lallen, Stammeln, Murmeln oder durch rätselhafte Aussagen und Gleichnisse.

Voraussetzung für das Jurodstvo ist sein Verlassen der weltlichen Kultur. Er wird auch als „weltlicher Toter"[263] bezeichnet.

Für seine Auftritte sucht der Jurode Orte auf, an denen sich viele Menschen sammeln. Das Spiel der Juroden basiert auf zwei Ebenen, die sich gegenseitig bedingen. In der ersten macht er durch seine Aktionen Lächerliches in Bezug auf die diesseitige Welt sichtbar. Das Wesentliche in seinen Aktionen ist aber nur auf der zweiten Ebene sichtbar, denn hier vermittelt er seine Erfahrungen und Absichten der jenseitigen Welt. "Es handelt sich bei Jurodstvo gewissermaßen (um; L.S.) (...) eine Seelenmaske. Der Körper dient symbolisch der Darstellung der Seele bzw. repräsentiert die Trennung von Körper und Seele. (...) Das Jurodstvo bedient sich symbolisch des Körpers und seiner Funktionen, um die Überwindung seiner Natur zur Schau zu stellen."[264]

Weiter merkt Baumbach an: "Juroden sind keine komplementären Vermittler, keine ´Parodisten´. Ein dem Verfahren nach unmittelbares Verbinden von Gegensätzen zielt

---

[261] Rötschel, H.Th. bei Baumbach, 1995, S. 167
[262] Lichatschev, D.S., Pantschenko, A.M., 1991, S. 92
[263] Baumbach, 1995, S. 163
[264] Ebd. S. 174

nicht auf Vermittlung und Vereinbarung, sondern beruht auf Paradoxien mit einer Tendenz zur Vereindeutigung als Erbauungs- und Erlösungsversprechen für nicht materielle Wesenheiten bei gleichzeitiger Erniedrigung des Materiell-Leiblichen. Diese nehmen Juroden paradoxerweise gerade mittels des symbolischen Körpers vor, den sie einem Publikum zur Schau stellen. Die Schau tritt an die Stelle von Teilhabe und verweist auf ein ´Drittes´; sie beruht auf einer Trennung in ´Schau-Steller´ und Schauende."[265]

Im unterschiedlichen Verhältnis zum Diesseits und Jenseits und dem darauf basierenden verschiedenen Gebrauch ihrer Masken ist der wesentliche Unterschied zwischen Jurodstvo und Skomorochentum zu finden.

Skomorochen

Über die Herkunft der Skomorochen gibt es mehrere Varianten. In einer davon heißt es, dass es sich bei den Skomorochen um Zugereiste handelt, in einer anderen Variante stammen die Skomorochen aus Russland stammen und die dritte Variante besagt, dass es sich um eine Vermischung von Spielleuten aus Russland und aus Westeuropa handelt.

"Zu den Fragen, die bis heute nicht beantwortet werden können, neben der Herkunfts-Frage und der danach, was in den Skomorochen-Spielen konkret stattfand (...), gehört auch die nach der Etymologie des Wortes ´skomoroch´. Es gibt rund zwanzig verschiedene Versuche, seine Herkunft zu erklären: abgeleitet von arabisch mashara = Spaßmacher; mittelskandinavisch skemt = Spaßmacher; von italienisch scaramucca, französisch scaramouch; von skoromoch (skorra - Fell, Pelz) = ein als Tier verkleideter Mensch; vom Verb skomoriti (chaotische Bewegungen machen) das Substantiv skomor = der chaotische Bewegungen Machende."[266]

Für Frings ist der "Skomoroch-Spielmann", dessen geistige Heimat Byzanz sei, "Träger des Welterzählstoffes, der Novellen und Märchenfabeln und ihrer Erzählschemen."[267]

In frühen Schriften um 1068 werden Skomorochen zur Schicht der Handwerker und zur Zunft der Spaßmacher und Musikanten gezählt, die professionellen Charakter hatten und deren Zunft einer bestimmten Organisation unterlag. Der Begriff ´Skomoroch´ ist für P.O. Morozov "vermutlich ein Sammelbegriff, der nicht eine bestimmte Profession bezeichnet, sondern eine Vielzahl ausgeübter Aktivitäten, wie: Musik-Spieler, Tänzer,

---

[265] Ebd. S. 175
[266] Ebd. S. 141
[267] Frings, Th., in Baumbach, S. 140

Liedersänger, Zauberkünstler, Akrobaten, Puppenspieler, Bärenführer, verschiedene Clowns." [268]

Im 17. Jahrhundert teilten sich die Skomorochen in zwei spezialisierte Gruppen. Eine davon trat mit Musik, Tierbändigung, Bärenführung und Akrobatik auf und die andere spezialisierte sich auf Rollendarstellung. Nach J. Fiebach waren Skomorochen in ihrer letzten Phase vorwiegend Puppenspieler, Jahrmarkt-Spaßmacher, Bärenführer und Schaubudenspieler (Balagantschiki). Sie traten meist vor beispielsweise Fürstenfamilien auf Festen und Feierlichkeiten auf. Inhaltlich richteten sie sich, so Fiebach, im 13. Jahrhundert "(...) auf Spott, Hohn und Satire aus, auch gegenüber herrschenden Kreisen." [269]

Seit dem 14. Jahrhundert waren sie Akteure auf Hochzeiten und karnevalsähnlichen Festen und Bräuchen von unteren Volksschichten. [270]

Seitens der Kirche wurden ihre Aktivitäten als ´Teufelswerk´ verdammt, deren Aktivitäten die Menschen von der Kirche fernhält. "Denn wir sehen dort den (...) Spielen zu, wo solche Massen von Leuten sind, daß sie einander erdrücken, und es ist die Schau einer vom Teufel erdachten Handlung - die Kirchen aber stehen leer." (auf russ.: "Povest´ vemennych let"). [271]

Juroden und Prediger, z.B. Kirill von Turov, beschrieben in Erzählungen, Teufelserscheinungen, die in ihren Aktivitäten und in ihrem Äußeren denen der Skomorochen ähneln. [272]

Charakteristisch für sein äußeres Erscheinen war sein Auftreten mit Masken und Musikinstrumenten wie Trommeln, Gusli und (hauptsächlich) Blasinstrumenten wie u.a. Surny. Mit seiner Kleidung, die aus Materialien wie Stroh, Birkenrinde, Schilf und Lindenblast zu einem ärmlich aussehenden Kostüm zugeschnitten waren, wurden karnevalistische Verkehrungen von Gut zu Böse usw. sichtbar.

Oeft nimmt in ihrer Diplomarbeit aufgrund der vermutlich ursprünglichen Verbindung der Skomorochen mit Trickster, Schamane, Magier und Spieler an, dass die Herkunft der Skomorochen im Heidnisch-Mythisch-Rituellen liegt. [273]

---

[268] Ebd., S. 138
[269] Fiebach, 1976, S. 288
[270] Vgl. ebd. S. 288
[271] Zitiert bei Baumbach, 1995, S. 151
[272] Vgl. Belkin in Baumbach, 1995, S. 155

Dementsprechend verwendeten sie, so Oeft, "rituelle Parodie, rituelles Beschimpfen und Verlachen des 'Höchsten'. Dies ganz besonders bei verschiedensten Festen und Feierlichkeiten; als kulturelle Mittler praktizierten sie dieses Verfahren auch über die erlaubte Fest-Zeit hinaus."[274]

Nach Oeft betont "(...) der Skomoroche das Irdische, das Körperliche, die Erdverbundenheit, die körperlich-sinnlichen Bedürfnisse."[275]

Der Skomoroche verlacht das irdisch Bestehende, sowie deren Ordnung und Verhältnis zur Welt des Jenseits, ihre Lebensweise- und -art. Er spiegelt "in derben, symbolhaften, anschaulichen, körperbetonten, abbildhaft verkehrten Aktionen"[276] die diesseitige Welt in karnevalesker Verkehrung wider und erschafft so eine Art Anti-Welt, in der das Negative und Böse dominiert. Diese Anti-Welt bezieht er dabei jedoch "(...) nicht auf die reale Welt, sondern auf die ideale Welt."[277]

Erwähnt werden sollte noch,

"(...) daß es unter den Spielleuten bereits Aufteilungen in am Hofe Tätige und an Festen Teilnehmende gab. Dafür sprechen auch die verschiedenen Bezeichnungen Sänger und Musikanten, wohl dem Skop ähnlich, und Skomorochen ('mit Trompeten und Skomorochen, mit Guslis und Rusalia' verleitet der Teufel); es gab offenbar Schlimmeres als Sänger und Musikanten - wohl jene Bären bzw. Tiergestaltigen. Die Vergnügungen mit den einen sind zu verwerfen, mit den anderen aber darf man keinesfalls in Berührung kommen."[278]

Beide, Juroden und Skomorochen verwendeten alte theatrale Elemente und Verfahren: "der Lachkultur/Volkskultur, der Schau mit der einfachen Funktion der Ostentation, der Körpersprache, der Maske, der Verwandlung bzw. Verstellung."[279]

Vielfach wird das Skomorochentum als Ursprung oder Vorstufe des Russischen Theaters gesehen.[280] Möglicherweise liegen hier auch die Ursprünge für das Theater des Daniil Charms.

---

[273] Vgl. Oeft, Sabine, Diplomarbeit in Theaterwissenschaft Uni Leipzig: "Baum" Theater "Derovo". Russisches Avantgardetheater im Vergleich mit der Lachkultur des Alten Russland, 1996, S. 94
[274] Oeft, 1996, S. 94
[275] Ebd. S. 94
[276] Ebd. S. 94
[277] Oeft, S., 1996, S. 94, Mit der idealen Welt ist die von den Menschen erdachte, sich auf das Jenseits berufende diesseitige Welt gemeint.
[278] Baumbach, G., 1995, S. 153
[279] Baumbach, 1995, S. 157
[280] Vgl. hierzu Fiebach, S. 292

Die Masken/Figuren in den Theatertexten von Daniil Charms im Vergleich mit der Maske/Figur des Harlekin und deren Vertreter

Die grundlegende Gemeinsamkeit zwischen den literarischen Figuren von Charms und der Maske des Harlekin sehe ich in ihrer fiktiven Existenz. Harlekin, der kein Abbild in der Natur hat, lebte und lebt durch die Verkörperung von verschiedenen Spielern über Jahrhunderte hinweg. Gleichermaßen existieren literarische Figuren verschiedenster Art seit Jahrhunderten durch das Werk von Schriftstellern. Ebenso wie Harlekin in seinen Harlekinaden zum Teil stirbt, wiederaufersteht, kämpft, parodiert usw. sterben auch literarische Figuren, werden andererseits wieder neu geschöpft und agieren in den verschiedensten Situationen mit den unterschiedlichsten Intensionen. Bei beiden, den literarischen Figuren und der Maske des Harlekins handelt es ich um menschliche Produkte fantastischer Schöpfung. Das ist ihre auf den kleinsten Nenner gebrachte Gemeinsamkeit, die meines Erachtens einen Vergleich ermöglicht. Im Folgenden gilt es, im Hinblick auf eine eventuelle Verwandtschaft des Theaters von Charms mit jenem "anderen" Theater zu prüfen, inwieweit die Figuren in den Theatertexten von Charms der Maske des Harlekin in Form und hauptsächlich Funktion analog oder different sind.

Figurenkonzeption und Verwandlungen

Der von D´Arco Silvio Avalle 1989 entdeckte europäische Proto-Zanni, d.h. der mitteleuropäische Trickster, war ein Wesen, das Gegensätze von Gut und Böse mit all ihren Facetten in einer Figur verkörperte. So war ein und dieselbe Figur/Maske schlau und dumm, komisch und tragisch, gut und böse usw. Die Verwandlung gehörte als spezifisches Merkmal zu ihr. Münz weist in seinem Aufsatz *Das Harlekin-Prinzip* nach, dass sich im französischen Theater die Maske Arlequin in manchen Stücken mehr als vierzigmal verwandelte.

Folgt man der Deutung Müller-Scholle´s, dass es sich bei *Elizaveta Bam* um ein Monodrama handelt, dessen einzige Figur Elizaveta ist, so sind die ambivalenten Züge in ihrem Auftreten und zugleich ihre Wandlungen beinahe unüberschaubar. So hat sie beispielsweise in den ersten beiden Stücken gleichzeitig die Rolle der Verfolgten und der Verfolger inne. Im dritten Stück schlüpft sie dann plötzlich in die Rolle eines verantwortungsfreien Kindes, das seiner eigenen Harlekinade, gespielt in den Figuren ihrer Verfolger Petr Nikolaevitsch und Ivan Ivanovitsch, zusieht. Weiterhin wandelt sie sich im Laufe des Stückes zu einem Invaliden, zu einem Recken, der von der Figur Papascha getötet wird und im neunzehnten Stück als Feuerwehrmann verkleidet, wieder zum Leben erweckt, in die Rolle des Verfolgers schlüpft.

Auch in *Die Komödie der Stadt Petersburg* verschmelzen die Masken der Revolutionäre Schtschepkin, Obernibesow und Kirill Dawyditsch ineinander und offenbaren sich als die verschiedenen Aspekte ein und derselben Person. Allerdings bleibt nach den Deutungen von Martini und Müller-Scholle offen, ob es sich bei jenen genannten Verwandlungen um die für die Vertreter des Harlekinprinzips typische Inkarnation der karnevalistischen Verwandlung handelt. Martini beispielsweise sieht in den Modifikationen der Figuren in *Elizaveta Bam* deren Offenbarung als „Negativ sinnbezogener Wirklichkeit."[281]

Die Figuren in *Die Komödie der Stadt Petersburg* werden von Müller-Scholle als Teufelswerk gedeutet, die Figuren in *Elizaveta Bam* hingegen als Produkt von Willkür. Die Masken und deren Verwandlungen im Karneval dagegen waren lebensspendend. Sie waren jenseits von Gut und Böse und konnten somit kein Teufelswerk sein, auch wenn sie als solches zum Teil von der Kirche verhetzt wurden. Auch entstanden die Verwandlungen der Masken im Karneval nicht willkürlich, sondern aus einer bestimmten Notwendigkeit heraus. „Teilnehmer (...) erhielten fiktiv Ämter je nach ihrem Verhalten (...) Karnevalistische Tätigkeit war - ähnlich wie Commedia dell´Arte und Schaubudentheater - demonstrative Entfaltung, ja Explosion von Sinnlichkeit, von geselliger Festlichkeit und ästhetisch-geistigen wie derb-materiellen Genusses."[282]

Bei diesen Bedenken muss jedoch eingeräumt werden, dass Interpretationen und Deutungen immer subjektiv sind. Die Handlungen der Figuren in Charms´ Theatertexten können ebenso als ein närrisches Treiben interpretiert werden, deren Funktion einerseits in der Entblößung sozialer Zwänge lag und andererseits auf soziale Veränderungen hinzielte. Vergegenwärtigt man sich Charms´ kunsttheoretische Grundposition (siehe gleichbetitelter Abschnitt oben), dann erscheint mir hier eine funktionale Verwandtschaft mit dem Karneval naheliegender.

„So hatten karnevalistische Feste und verwandtes Narrentreiben des Mittelalters (...) oft mehr oder minder ausgeprägte sozial befreiende, auf grundlegende Umwälzungen

---

[281] Martini, 1981, S. 158, siehe auch oben Analyseteil. Martini behandelt die Figuren in *Elizaveta Bam* als getrennt voneinander. Für sie handelt es sich bei diesem Stück um kein Monodrama.

hinzielende Züge"[283], ebenso wie sich die Oberiuten, einschließlich Charms als „Fortsetzer der Revolution" begriffen.

Die Maske des Harlekin lässt auf keine Psychologisierung oder auf einen Charakter schließen. Harlekin hat kein Vorbild in der Natur, somit auch keinen weltlichen Charakter. Durch sein höchst ambivalentes Auftreten ist es selbst unzutreffend, ihn als Typ zu klassifizieren. Die Figuren bei Charms unterliegen ebenfalls keiner Psychologie. Durch ihre ständigen, willkürlichen Modifikationen lassen sie sich ebenso wenig wie der Harlekin als Typen bestimmen. Allen, dem Harlekin und den Figuren von Charms fehlt ihre Subjekthaftigkeit, um sie in die weltliche Realität angemessen einzuordnen. Ein Unterschied lässt sich jedoch in beider Ursprünglichkeit feststellen. Während die Maske des Harlekin aus einer jenseitigen Welt kommt, entspringen die Figuren von Charms aus der diesseitigen Welt. So sind unter anderem die Hauptfiguren in *Die Komödie der Stadt Petersburg* Peter der Große oder Nikolaus der II. historische Figuren aus dem Russland vergangener Zeiten.

Die Oberiuten führten *Elizaveta Bam* mit weiß geschminkten Gesichtern auf. Auch in den späteren Inszenierungen der Charms-Texte auf deutschen Bühnen hatten die Schauspieler weiß geschminkte Gesichter. Häufig erinnerte dies an die Auftritte der Futuristen. Im Hinblick auf die Narrentradition könnte dies jedoch auch als Rückbezug auf den „Mimus albus" der römischen Antike interpretiert werden. Das weiß geschminkte Gesicht zieht sich als roter Faden durch die gesamte Geschichte der Narren, wie beispielsweise beim gleichnamigen „Weißclown", der immer mit seinem Partner und Gegenspieler, dem „Dummen August", auftrat. Das weiß geschminkte Gesicht ist auch bei der englischen Clownsform „Punch" zu finden, der auf sein weißes Gesicht zusätzlich noch rote Wangen malte. Ursprünglich stammt die weiße Gesichtsfarbe aus mythischer Zeit und galt als Symbol für die Verbindung zu den Toten im Totenreich. So wie Harlekin als Ambassadeur, als Vermittler und Verbinder zu einer fantastisch oder utopischen Welt galt, so handelt es sich bei den Figuren in *Die Komödie der Stadt Petersburg* um lebende Tote, die aus dem Totenreich kommen, um im Diesseits ihre utopische Welt wiederzubeleben. Vielleicht ein weiterer Hinweis auf die Verwandtschaft mit dem Harlekin.

---

[282] Fiebach, S. 294
[283] Ebd. S. 298

Spielweise

Das Spiel der Maske des Harlekin und generell aller Vertreter des Harlekinprinzips war ein körperbewusstes Spiel. Im Gegensatz zum klassischen Literatur- und Sprechtheater stand nicht das geschriebene oder gesprochene Wort im Vordergrund, sondern die Sprache des Körpers. Die Maskenspieler des „anderen" Theaters bedienten sich ihres Körpers in Form einer sogenannten Ganzkörpermaske. Ihren Körper benutzten sie als Zeichenträger und Mittler. Der Körper wurde durch das Spiel zum symbolischen Körper. Das setzte eine vollkommene Körperbeherrschung voraus sowie eine hohe mimische und gestische Ausdruckskraft. Die Spielweise der Masken des „anderen" Theaters verwendete Elemente aus Pantomime, Tanz, Musik, Akrobatik, Clownerie, Bouffonnerie und Improvisation; Elemente aus dem Bereich des Artifiziellen.

Die Nähe der Charms-Theaterfiguren zur oben skizzierten Spielweise zeigt sich unter anderem in den deutschen Inszenierungen. Beispielsweise arbeitete die Regisseurin Ilona Zarypow am Zan Pollo Theater in der dort aufgeführten Szenencollage *Der Glyzerinvater oder Wir sind keine Heringe* (vgl. oben Abschnitt Theaterrezeption in Deutschland) mit akrobatischen Elementen, Slapstick-Einlagen, Musik, Gesang und Choreografie. Auch bei der Inszenierung *Elizaveta Bam* auf der Studiobühne in Bayreuth arbeitete die Regisseurin mit Clownerie, Choreografie und Klangkulisse. Das clowneske Spiel der Figuren Petr Nikolaevitsch und Ivan Ivanovitsch im dritten Stück arrangierte sie zu einer Harlekinade mit einem Stuhl. Mehrfach wurde schon auf die in *Elizaveta Bam* vorkommenden Slapstick-Einlagen und Clownerien (besonders im 3. Stück, von Charms betitelt als absurd komisch-naives [genre] und im 15. Stück: Balladesques Pathos) hingewiesen. Das Verhalten der Figuren in den in Klammern gesetzten Beispielen wird auch als extemporieren, einfach ausgedrückt: aus der Rolle fallen, bezeichnet. Das Extempore war ein vom Harlekin häufig angewandtes Verfahren. Ein weiteres Beispiel hierfür findet sich im 5. Stück: Rhythmisch (Radix) Rhythmus des Autors. Hier skandieren und singen die Figuren Petr Nikolaevitsch und Ivan Ivanovitsch einen inhaltlich ernsten Text:

„P.N.: Man hat uns eingesperrt. (...) P.N.: Wo ist Elizaveta Bam? I.I.: Warum wolln Sie sie ham? P.N.: Um sie zu töten." Anschließend laufen sie auf der Stelle (pantomimisches Element), während ein Holzklotz auf die Vorderbühne gebracht wird, der dann in Scheite zerhackt wird.[284]

---

[284] Vgl. Charms, 1997, S. 65

Die vom Harlekin oft verwendete Nonsens-Sprache, bei der lose Wortfetzen oder mitunter nur vereinzelte Laute willkürlich aneinandergereiht werden, findet sich auch mehrfach bei den Charms-Figuren.

Eine weitere Parallele zwischen der Maske des Harlekins und den Figuren bei Charms lässt sich in ihrem derben, häufig brutalem Auftreten feststellen. So reißt die Figur Oknov in Charms´ Kurzstück *Jäger* der Figur Kozlov ein Bein aus oder die Figur Puschkov in Charms´ *Der Vortrag* wird aufgrund ihrer Äußerungen über Frauen bis zur Bewusstlosigkeit zusammengeschlagen. Für die häufig brutale Umgangsweise der Figuren untereinander ließen sich, vorwiegend anhand der kurzen Theatertexte von Charms, noch etliche Beispiele aufzählen.

In allen Stücken werden immer wieder dem „anderen" Theater typische theatrale Elemente verwendet.

Jedoch lassen jene noch längst nicht ausgeschöpften Analogien noch auf keine Verwandtschaft schließen. Münz weist in seinem Buch *Das „andere" Theater*[285] darauf hin, dass der vielfach belegte Reiz der „anderen" Theaterform nicht ausschließlich auf deren Spielweise (für die es zudem bis dato noch keine hinreichende Theorie gab) zurückzuführen ist, „(...) selbst wenn man die Hinweise auf den „ewigen" Reiz ähnlich gleichbleibender zirzensischer Künste und Clownerien beachtet."[286] Vielmehr sieht Münz den lange andauernden Reiz bspw. der Commedia dell´Arte in der Bedeutung ihrer Szenarien, Stücke usw.:

„Es war also die Bedeutung der - gesellschaftlich kaum kontrollierbaren - *Phantasie* des einzelnen Menschen, die die gleichbleibenden, simplen, dennoch bezaubernden Liebeswirren nicht so sehr als „Abbild" und „Gegenbild", denn als „Gleichnis", als „Modell" nahm, die zu eigenen und eigenartigen Schlüssen führen, sich der bestimmten Ordnung unter Umständen entgegenstellen und der empfohlenen Tugend entziehen konnte."[287]

Vergegenwärtigt man sich die Funktion der Charms-Figuren, so stößt man unmittelbar auf das von den Vertretern des Harlekin-Prinzips häufig angewandte Verfahren der Parodie. Die Handlungen und Inhalte, insofern es diese überhaupt gab, zielten bei Charms nicht auf eine bloße Unterhaltung der Zuschauer hin, sondern erfüllten weitreichendere Funktionen. Er parodierte mittels seiner Figuren gesellschaftliche und

---

[285] Münz, Rudolf: *Das „andere" Theater Studien über ein deutschsprachiges teatro dell´arte der Lessingzeit.* (Henschelverlag, Berlin, 1979
[286] Ebd. S. 199
[287] Ebd. S. 201

kunsttheoretische Konventionen wie mechanisierte Alltäglichkeiten und widersetzte sich so der bestehenden Ordnung. Dies tat er nicht aus Prinzip, sondern aus der Notwendigkeit heraus, seine Beobachtungen über jene „Boshaftigkeit des Alltags, an die wir unser Leben verlieren" mitzuteilen. Deshalb führt

„er uns die Personen vor, die wir nur allzu genau zu kennen meinen, diese in ihrer Hilflosigkeit vor sich hin monologisierenden Eintöner, diese seltsam aufgeblasenen, vom täglichen Aufstehen und Zubettgehen verformten Wesen."[288]

Wie im „anderen" Theater nicht das Was, sondern vielmehr das Wie im Vordergrund stand, so behandelte auch Charms jene Boshaftigkeit des Alltags auf komische, parodistische Weise. So, wie es auch für die Vertreter des Harlekinprinzips charakteristisch war.

Parodie

Folgt man dem von Baumbach kulturhistorisch nachgewiesenem Verständnis von Parodie als ein Verfahren, mittels dessen versucht wird, Unzuvereinbarendes zu vereinen, dann liegt die Vermutung nahe, dass die Autoren, die in ihren Arbeiten Charms´ Texte interpretierten, eher dem neuzeitlichen Parodieverständnis unterlagen. Hier wird Parodie als Nachahmung von Gegebenem durch Überhöhung oder auch Nachäffung mit Unzutreffendem, die auf eine komische Wirkung hin zielt, verstanden. Beim neuzeitlichen Parodieverständnis überwiegt nicht die komplementäre Funktion sondern eine supplementäre.

„Jene Trennung läßt auf eine Strategie neuzeitlicher Unterwerfungs- und Beherrschungsmechanismen schließen und damit auf eine Zerstörung ursprünglicher Parodiefunktion."[289]

Parodie im ursprünglichen Sinne war eines der Hauptverfahren der Vertreter des Harlekinprinzips. Im Folgenden gilt es zu prüfen ob das Parodieverfahren in seiner ursprünglichen Funktion in der fiktiven Praxis der Theaterfiguren von Charms Anwendung findet. Auf die Parodieverfahren im neuzeitlichen Verständnis ist in den Analysen schon hingewiesen worden. So werden laut Charms´ Interpreten u.a. das Kunsttheater und darüber hinaus die Belanglosigkeiten der Alltagskommunikation parodiert. Ein Beispiel für die Anwendung des Parodieverfahrens, das komplementäre

---

[288] Beide Zitate von Urban, Peter aus Klappentext zur Ausgabe Daniil Charms Theater!, Verlag der Autoren, 1997

Funktion hat, läßt sich meines Erachtens in den Figuren Petr Nikoleavitsch und des Papascha aus *Elizaveta Bam* nachweisen: Im 15. Stück: *Balladesques Pathos. Der Kampf der zwei Recken* bittet Petr Nikolaevitsch kurz vor seinem tödlichen Kampf mit Papascha um Aufmerksamkeit:

„Petr Nikolaevitsch: Also, auf denn. / Ich bitte aufmerksam zu folgen / dem Zucken unserer Säbel, wohin welche Spitze gerichtet / und wo wer welchen Stoß empfängt."[290]

Während sich Petr Nikolaevitsch in einen ernsten Kampf um Tod oder Leben begibt, versichert er sich ob das Geschehen die ihm würdige Aufmerksamkeit erfährt. Aus dem Text geht nicht hervor, an wen er seine Worte richtet. Es ist zu vermuten, dass er sie an das Publikum richtet, was hier als Beispiel für eine unmittelbare Kontaktaufnahme mit den Zuschauern nach Art des Extempore zu deuten wäre. Der Versuch der unmittelbaren Kontaktaufnahme zum Zwecke der Kommunikation war typisch für die Vertreter des Harlekinprinzips. So gesehen verbindet die Figur Petr Nikolaevitsch eine ernsthafte, weil lebensbedrohliche Situation mit einer spielerischen. Nachdem er durch die Hand des Papaschas fällt, bittet er Elizaveta um Vergebung und weist sie andererseits an, ihm in sein „Häuschen auf dem Berge" zu folgen. Jenseitiges wird hier mit Diesseitigem verbunden. Die Figur Papascha „hebt das Rapier und schlägt damit im Takt zu seiner Deklamation",[291] so die Regieanweisung von Charms. Während er kämpft, dichtet und philosophiert er noch in seiner Takt schlagenden Deklamation:

„Lob sei dem Eisen - Karborund. / Es stärkt die Brückenpfeiler / und reißt, durchstrahlt vom Strom, / den Feind zu Tode. / Lob sei dem Eisen! Lied der Schlacht! / Es macht dem Räuber Sorge, / macht aus dem Jüngling einen Mann ! und reißt den Feind zu Tode! / O Ruhm den Federn! Ruhm den Federn! / Sie fliegen durch die Luft / fliegen dem Treulosen ins Auge, / reißen den Feind zu Tode! / O Ruhm den Federn! Weisheit dem Stein. / Er liegt am Fuß der ernsten Kiefer, / und unter ihm entspringt ein Wasser / dem toten Feind entgegen."[292]

Kampf, Philosophie und Poesie bringt die Figur Papascha durch das theatrale Element der Deklamation und seinen dazu angepassten taktmäßigen Bewegungen zusammen. Dies entspricht ganz dem ursprünglichen Parodieverständnis, das grob betrachtet als ein Verfahren zu verstehen war, mittels dessen versucht wurde, Unzuvereinbarendes

---

[289] Baumbach, 1995, S. 80
[290] Charms, 1997, S. 83
[291] Ebd. S. 83
[292] Ebd. S. 84f

miteinander zu vereinbaren. Beispiele hierfür ließen sich noch vielfach bei den Figuren in Charms´ Theatertexten finden.

Grotesker Leib

Nach Bachtin hat Groteske mit allem zu tun, was aus dem Körper herausquillt, herausstrebt oder herausragt und die Grenzen des Leibes zu überschreiten versucht. Diese Ausstülpungen setzen den Leib außerhalb des Leibes fort und verbinden ihn mit anderen Leibern oder mit einer nicht-leiblichen Welt. So gesehen ist der „groteske Leib" immer auch ein werdender Leib, der, nie abgeschlossen, sich immer im Aufbau befindet und durch seine Auswüchse selbst andere Leiber erschafft.[293]

So gesehen gebe es in der Groteske keinen individuellen Leib.

„Dargestellt wird gleichsam der Durchgangshof des sich ewig erneuernden Lebens, das nie versiegende Gefäß von Tod und Zeugung."[294]

Analogien zum „grotesken Leib" im Sinne Bachtins lassen sich bei den Charms-Theaterfiguren nur bedingt feststellen. In seinem Kurzstück *Adam und Eva* fliegen die Figuren im III. Teil, Adam Isaakvitsch und Eva Borisovna, über Leningrad, was auf ein Vorhandensein von Flügeln (einer unnatürlichen Ausstülpung im weiteren Sinne) schließen lässt. In seiner Szene *Jäger* reißt die Figur Oknov der Figur Kozlov ein Bein aus und schmeißt es weg. Auf Kozlovs Frage hin:

„Wie soll ich jetzt nach Hause kommen?"

bekommt er von Motylov zur Antwort:

„Keine Sorge, wir machen dir ein Holzbein." [295]

Als Indiz, dass es sich beim Leib der Figur Kozlov um keinen individuellen Leib handelt, kann seine - ganz fernab von jeglichem Schmerz und mit einer ganz selbstverständlichen Haltung - gestellte Frage gedeutet werden, so als würde es zum Alltag gehören, dass jemandem ein Körperteil ausgerissen wird. Die von jeglicher Menschlichkeit entfernten Figuren in Charms´ Stücken schlagen, würgen, beißen, bespritzen und töten sich mit eben jener selbstverständlichen, ja mitunter willkürlichen Haltung, was mitunter in Bezug auf Charms´ Texte als Groteske gedeutet wird. „Groteske Leiber" finden sich bei Charms nur in Form von Verstümmelungen, wie Petr

---

[293] Vgl. Bachtin, Michail: *Literatur und Karneval*. Frankfurt am Main: Ullstein Verlag. 1985
[294] Ebd. S. 18
[295] Beides in Charms, 1997, S. 196

Nikolaevitsch und Ivan Ivanovitsch im 3. Stück von *Elizaveta Bam* oder in der Szene *Der Unterschied zwischen Mann und Frau* ein Ehemann Ivan fragt:

„Wo sind deine Arme, Ivan?"

und Ivan ihm antwortet:

„Im Krieg verloren im Feuer der Schlacht!"[296],

Ebenso in seinem Kurzstück *Adam und Eva* bei dem im II. Teil Pferde mit drei Beinen über die Straße „sprengen".

Ein weiterer Hinweis auf „groteske Leiber" im Form von Verstümmelung liefert die Stückunterschrift zur Szene *Evstigneev lacht,* wo es heißt: *Vaudeville von drei Köpfen.*

Auch wenn mittels des „grotesken Leibes" existenzielle Situationen wie Tod und Leben dargestellt sind, so bleibt bei Charms eher der Eindruck, dass seine „grotesken Leiber" vielmehr Sinnbild einer negativ determinierten Wirklichkeit sind.

<u>Formale und funktionale Analogien zwischen dem Theater des Daniil Charms und dem „anderen" Theater</u>

Dramaturgie

Charms´ formale Nähe zum Karnevalismus und der Dramaturgie der Szenarien der Commedia dell´Arte, besonders der frühen Comédie Italiene, zeigt sich in der Gestaltungsweise der Stücke. Beide gestalteten ihre Stücke in einer Form, die man als eine Art moderne Form des revuehaften Aufzugs bezeichnen könnte. Einzelne Stücke oder Aktionen, seien es Gesänge, Possen oder akrobatische Einlagen, wurden nebeneinander gestellt, ohne dass sie unmittelbar durch eine Handlungslinie miteinander verbunden wurden. Als einzelne Teile waren die Aktionen, sowohl bei Charms als auch bei den Szenarien der Commedia dell´Arte oder den Umzügen des Karnevals, unmittelbar auf die Wirklichkeit beziehbar oder drückten in ihrer Gesamtheit (Collage, Montage) ein bestimmte Sicht auf die Welt und die Beziehung zur Wirklichkeit in Form von Fantasieentwürfen oder Repliken aus. Eine Verknüpfung durch Handlung war meist nur lose oder erst gar nicht vorhanden. In seinem Essay bezeichnet Fiebach diese Gestaltungsweise als „Dramaturgie des Revuehaften".[297]

---

[296] Beides in Charms, 1997, S. 157
[297] Fiebach, J., S. 306

Ein Unterschied ließe sich in der Unmittelbarkeit und Kommunikation zwischen Spieler und Publikum festmachen, die in Charms´ Theaterkonzeption im Gegensatz zu den Vertretern des Harlekinprinzips nicht vorgesehen waren.

Komik und Lachen

Im zweiten Teil seines Aufsatzes *Über das Lachen* schreibt Charms in seinem Notizbuch:

„2.
  Es gibt mehrere Arten von Lachen. Es gibt die mittlere Art, wenn der ganze Saal lacht, aber nicht aus voller Kraft. Es gibt die starke Art des Lachens, wenn nur der eine oder andere Teil des Saales lacht, der aber aus voller Kraft, während der andere Teil des Saales schweigt, den das Lachen überhaupt nicht erreicht. Die erste Art Lachen verlangt die Estradenkommission vom Estradenschauspieler, aber die zweite Art Lachen ist die bessere. Rindviecher sollen nicht lachen."[298]

Aus den letzten beiden Sätzen wird die Ablehnung gegenüber dem konventionellen Theater deutlich. Charms formulierte keine Theorie über Komik oder Lachen. Es ist jedoch zu vermuten, dass er sich der Wirkung der Komik und des Lachens sehr wohl bewusst war. In seinem kurzen Aufsatz spricht er sich für ein echtes, natürlich hervorgerufenes Lachen aus und wendet sich gegen ein künstlich erzeugtes, unechtes Lachen.

  Charms´ Texte sind vom karnevalistischen Geist und Elementen der Lachkultur geprägt. Seine Themen und Inhalte kreisen um die Wurzel des Bösartigen im Menschen. Die im „anderen" Theater verhandelten Grundthemen menschlichen Seins, wie befriedigende Arbeit, Lebenssicherung, Wiedergeburt, Kampf und Tod, werden in seinen Theatertexten beinahe ausschließlich von ihrer dunklen Seite her verhandelt. Jedoch verwendet Charms dabei immer distanzerzeugende Mittel wie Komik, Clownerie, Groteske usw. Durch diese Inkongruenz von Inhalt und Form erreicht er beim Rezipienten einen *komischen* Effekt, „(...) bei dem einem das Lachen erst spät im Halse stecken bleibt".[299]

Übertragen auf die Komik in Charms´ Theatertexten lässt sich treffend die Bemerkung von Constantin von Barloewen, die er in seinem Buch *Clown. Zur Phänomenologie des Stolperns* schreibt, anwenden:

---

[298] Charms, 1992, S. 174/175
[299] Urban, Peter in Klappentext zu Daniil Charms Theater, 1997

„Nicht das Absurde liegt dem Komischen zugrunde, sondern eher umgekehrt: das Absurde erscheint nicht als Ursache, sondern als offensichtliche Wirkung." [300]

Charms´ Bezug zur Anderwelt und zum „Goldenen Zeitalter"

Charms behandelte die dunklen Erscheinungen der Wirklichkeit mit spielerischen und grotesken Mitteln. Man könnte auch sagen, er verfremdete die Realität mit närrischer Respektlosigkeit. Aber gerade dadurch machte er dem Rezipienten die mannigfaltige Möglichkeit des Andersseins erfahrbar. Als Schriftsteller, der er in erster Linie war, strebte er nach einer von Konventionen befreiten Sprache, um ein intuitives, von jeglichen Wertungen befreites Erfassen der Umwelt und eine damit einhergehende Veränderung des menschlichen Bewusstseins zu ermöglichen. Ganz im Sinne des närrischen Treibens im Karneval, wo „Närrische Tätigkeit eine Weise der Erfahrung komplexer Wirklichkeit sein (kann; L.S.)."[301]

Charms bediente sich, zumindest in literarischer Hinsicht, alter Theatertraditionen, deren Verfahren sich auch die Praktiker des „anderen" Theaters bedienten, jenes Theater, das mittels Groteske und Maske gegen das Kunsttheater, d.h. dem Theater mit einseitigem Machtanspruch und den Mechanismen des Alltagstheaters aufbegehrte. [302]

Wie im „anderen" Theater war bei Charms nicht das Was, sondern das Wie (der rein theatralische Moment) von Tragweite.

Seine dramatis personae unterlagen keiner psychologischen Charakterisierung, weil es in seinem Theater nicht um Menschendarstellung ging. Im Gegensatz zur Maske des Harlekins waren sie keine Boten, Ambassadeure und Verbindungsmänner zur „anderen" Welt. Charms schuf in seinem Theater keine utopische Welt und das „Goldener Zeitalter" vermittelnde Figuren, sondern spiegelte die Welt um ihn herum, so, wie er ihre konkreten Gegenstände und Erscheinungen wahrnahm, als Repliken bzw. als einer Art Bewusstseinserhellung. Vergegenwärtigt man sich noch einmal die politische Situation im Russland der 20er, 30er und 40er Jahre, so wird nur allzu verständlich, warum in Charms´ Theatertexten Boshaftigkeit, Desillusion und Indeterminiertheit überwiegt. Aber gerade seine grotesken Abbildungen der Gegenwart

---

[300] von Barloewen, Constantin: Clown. Zur Phänomenologie des Stolperns. Ullstein Verlag, 1984, S. 93
[301] Fiebach, S. 197
[302] Vgl. hierzu auch den Aufsatz *Theatralität und Theater* von Münz in *Theatralität und Theater. Zur Historiographie von Theatralitätsgefügen.* Schwarzkopf & Schwarzkopf Verlag Berlin,

waren seine Mittel und Verfahren, sich der Mechanisierung des Alltags zu widersetzen.

In erster Linie waren es die zeitlichen Umstände, die ihm und seiner Umwelt das

Unglück brachten. In seinen Texten verarbeitete Charms

"(...) die Nichtigkeit und die Leere des mechanisierten Lebens, die Verknöcherung im Automatismus des Denkens, Fühlens und des Alltagslebens, die Leere und die Absurdität einer Existenz, die bestimmt wird durch Worte wie : >wie alle<, >so ist es üblich<. (...) Nicht seine Erzählungen sind absurd und alogisch, sondern das Leben, das er in ihnen beschreibt. Die formale Absurdität, das Alogische der Situationen in seinen Texten wie auch der Humor waren Mittel zur Entlarvung des Lebens, Mittel zum Ausdruck der realen Existenz, einiger realer Zustände, wie sie jedem Menschen eigen sind. Deshalb sagte er auch immer wieder, im Leben gebe es zwei erhabene Dinge: Humor und Heiligkeit. Unter Heiligkeit verstand er das echte Leben - das lebendige Leben. Mit dem Humor entlarvte er das unechte, erstarrte, bereits tote Leben, nicht das Leben, sondern nur die tote Hülle des Lebens, die unpersönliche Existenz." [303]

Dies steht ganz im Sinne von Bachtins Verständnis von Groteske, der in ihr ein Mittel

zur Eröffnung einer anderen (menschlicheren) Welt sah:

„Sie führt über die Grenzen der scheinbaren Einzigartigkeit, Unabdingbarkeit und Unerschütterlichkeit der bestehenden Welt hinaus. Die von der volkstümlichen Lachkultur geborene Groteske stellt immer (in dieser oder jener Form...) die Rückkehr des Goldenen Zeitalters dar, es spielt die lebendige Möglichkeit dieser Wiederkehr vor ... Die bestehende Welt erweist sich gerade deshalb plötzlich als fremd (um mit Wolfgang Kayser zu sprechen), weil sich die Möglichkeit einer wirklichen Heimat ... eröffnet ... Die Relativität des Bestehenden ist in der Groteske stets eine fröhliche Relativität ... Das Moment des Lachens, das karnevalistische Weltempfinden, die der Groteske zugrunde liegen, zerstören die beschränkte Ernsthaftigkeit sowie jeglichen Anspruch auf eine zeitlose Bedeutung und Unabänderlichkeit der Vorstellungen von der Notwendigkeit. Sie befreien das menschliche Bewußtsein, den Gedanken und die Einbildungskraft des Menschen für neue Möglichkeiten. Deshalb geht großen Umwälzungen, selbst noch in der Wissenschaft, eine gewisse Karnevalisierung voraus." [304]

Charms konstituierte sein Theater ganz offensichtlich aus alten Theatertraditionen die

kennzeichnend für das von Münz bezeichnete „andere" Theater sind. Da seine

Rückgriffe auf Verhältnisse des „Goldenen Zeitalters", das heißt die konstruktive Seite,

nur als subversiv durchleuchtend zu deuten sind und in seinem Theater die entlarvende

Funktion, die destruktive Seite weitaus überwiegt, ist sein Theater als Strukturtyp eines

„anderen" Theaters mit absurdem Charakter zu bestimmen.

---

[303] Druskin in Charms, 1992, S. 6
[304] Bachtin, 1985, S. 45

Literaturverzeichnis

Artaud, Antonin: *Das Theater und sein Double*, Fischer Taschenbuch Verlag, Frankfurt a.M., 1987

Bachtin, Michail: *Literatur und Karneval. Zur Romantheorie und Lachkultur*, Verlag Ullstein, München, 1985

Baumbach, Gerda: *Seiltänzer und Betrüger? Parodie und kein Ende. Ein Beitrag zu Geschichte und Theorie von Theater*, Francke Verlag, Tübingen, Basel, 1995

Camus, Albert, *Le Mythe de Sisyphe*. Paris 1942 (Dt. Der Mythos des Sysyphos)

Charms, Daniil: *Die Kunst ist ein Schrank - Aus den Notizbüchern 1924-1940*; Friedenauer Presse; Berlin; 1992

Charms, Daniil: *Fälle - Szenen, Gedichte, Prosa*; Haffmans Verlag; Zürich, 1988

Charms, Daniil: *Theater*; Verlag der Autoren; Berlin; 1997

Charms, Daniil: *Zirkus Schardam*, Aus dem Russischen von Peter Urban, Friedenauer Presse Berlin, 2002

Charms, Daniil: *Zwischenfälle*; Luchterhand Literaturverlag; München; 2003

Debüser, Lola, Nachwort in: Daniil Charms. *Zwischenfälle,* Luchterhand, München, 2003

Druskin, Jakov: *Über Daniil Charms*, in: Charms, Daniil: *Die Kunst ist ein Schrank - Aus den Notizbüchern 1924-1940*; Friedenauer Presse; Berlin; 1992

Esslin, Martin: *Das Theater des Absurden. Von Beckett bis Pinter*; Rowohlt Taschenbuch Verlag, Hamburg, 1996

Fiebach, Joachim: *Der Theatermacher als Skomoroch und Philosoph*, in: *Sowjetische Regisseure über ihr Theater*, hg. u. mit e. Essay v. J. Fiebach, Berlin (Ost), 1976

Fo, Dario: *Kleines Handbuch des Schauspielers*, Verlag der Autoren, Frankfurt / M., 1997

Fried, Annette / Keller, Joachim: *Faszination Clown*, Patmos Verlag Düsseldorf, 1996

Graham, Roberts: *The Last Soviet Avant-Garde. OBERIU - fact, fiction, metafiction*, Cambridge University Press, 1997

Grob, Thomas: *Daniil Charms´ unkindliche Kindheit - Ein literarisches Paradigma der Spätavantgarde im Kontext der Moderne*; Verlag Peter Lang; Bern; 1994

Günther, Hans: *Avantgarde und Sozialistischer Realismus.* in: Glossarium der russischen Avantgarde (Hrsg. Flaker, Aleksanar); Verlag Droschl; Graz-Wien; 1989

Guski, Andreas: *Sozialistischer Realismus und russische Avantgarde im historischen Kontext.* In: *Die literarische Moderne in Europa*, Piechotta, Hans-Joachim (Hrsg.), Bd. 2: *Formationen der literarischen Avantgarde*, Opladen, 1994

Jaccard, Philippe: *Theater des Absurden / Reales Theater (Daniil Charms).* in: Glossarium der russischen Avantgarde (Hrsg. Flaker; Aleksandar), Verlag Droschl; Graz-Wien; 1989

Kandinsky, Vasilii in: Bowlt, John 1980, "Vasilii Kandinsky: The Russian Connection," S. 27 in Bowlt, John und Long, Rose-Carol Washton, The Life of Vasilii Kandinsky in Russian Art, Newtonville, S. 1-41.

Lichatschev, Dimitrij S. / Pantschenko, Aleksandr M.: *Die Lachwelt des alten Rußland*. Herausgegeben von Renate Lachmann, UTB-Taschenbuchverlag, München, 1991

Lukanitschewa, Swetlana: *Verfemte Autoren. Werke von Marina Cvetaeva, Michail Bulgakov, Aleksandr Vvedenskij und Daniil Charms auf den deutschen Bühnen der 90er Jahre*; Max Niemeyer Verlag, Tübingen, 2003

Martini, Angela: *Retheatralisierung des Theaters: D. Charms´ "Elizaveta Bam"*. in: Zeitschrift für slawische Philologie Band XLII; Carl Winter Univerlag; Heidelberg; 1981

Müller, Bertram: *Absurde Literatur in Rußland. Entstehung und Entwicklung*, München, 1978 (Diss. Univ. Köln)

Müller-Scholle, Christine: *Das russische Drama der Moderne - Eine Einführung*; Verlag Peter Lang; Frankfurt a.M., Bern, New York, Paris; 1992

Münz, Rudolf: *Das >>andere<< Theater. Studien über ein deutschsprachiges teatro dell´arte der Lessingzeit*, Henschelverlag, Berlin, 1979

Münz, Rudolf: *Theatralität und Theater. Zur Historiografie von Theatralitätsgefügen*, Schwarzkopf & Schwarzkopf Verlag Berlin, 1998

Oeft, Sabine: *„Baum" Theater „Derovo". Russisches Avantgardetheater im Vergleich mit der Lachkultur des Alten Rußland*, Diplomarbeit im Fach Theaterwissenschaft an der Universität Leipzig, 1996 (unveröffentlicht)

Rausch, Beate: *Daniil Charms. Ein biographisches Stichwort*, in: Charms, *Daniil: Fälle - Szenen, Gedichte, Prosa*; Haffmans Verlag; Zürich, 1988

Schmit, Herta: *Zur Ästhetik der Theateravantgarde der zwanziger Jahre, Polen, Sowjetunion, Tschechoslowakei*. In: Fischer-Lichte, Erika (Hrsg.): *TheaterAvantgarde. Wahrnehmung-Körper-Sprache*, Francke Verlag, Tübingen und Basel, 1995

Stoimenoff, Ljubomir: *Grundlagen des sprachlichen Experiments im Frühwerk von Daniil Charms*; Verlag Peter Lang; Frankfurt; 1984

Süß, Marco: *Der halbe Doktor. Clown und Schamanen, Maske und Tod. Aspekte von HEILEN an Grenzrainen europäischer Zivilisation*, Magisterarbeit im Fach Theaterwissenschaft an der Universität Leipzig, 1998 (unveröffentlicht)

Tietze, Rosemarie (Hrsg.): *Vsevolod Meyerhold. Theaterarbeit 1917-1930*, Hanser Verlag, München, 1974

Urban, Peter (Hrsg.): *Fehler des Todes. Russische Absurde aus zwei Jahrhunderten*, Frankfurt./M.; 1990

Urban, Peter, in: Charms, Daniil: *Fälle. Szenen, Gedichte, Prosa* Herausgegeben und übersetzt von Peter Urban, Haffmans Verlag, Zürich, 1988

Urban, Peter: *Oberiu, Vereinigung der Realen Kunst*, in: Schreibheft. Zeitschrift für Literatur 39, 1992

Usinger, Fritz: *Zur Metaphysik des Clowns,* Lieselotte Kumm Verlag, Offenbach am Main, (keine Jahresangabe)

von Barloewen, Constantin: *Clown. Zur Phänomenologie des Stolperns*, Ullstein Verlag, Frankfurt /M., 1984